现代农业经济发展及农业产业化发展探究

高凤芹 韩莹 李美娟 ◎著

中国书籍出版社
China Book Press

图书在版编目（CIP）数据

现代农业经济发展及农业产业化发展探究 / 高凤芹，韩莹，李美娟著 . -- 北京 : 中国书籍出版社，2023.12
ISBN 978-7-5068-9636-8

Ⅰ.①现… Ⅱ.①高… ②韩… ③李… Ⅲ.①农业经济发展—研究—中国②农业产业化—产业化发展—研究—中国 Ⅳ.① F323 ② F320.1

中国国家版本馆 CIP 数据核字 (2023) 第 213482 号

现代农业经济发展及农业产业化发展探究
高凤芹　韩　莹　李美娟　著

图书策划	邹　浩
责任编辑	李　新
责任印制	孙马飞　马　芝
封面设计	博健文化
出版发行	中国书籍出版社
地　　址	北京市丰台区三路居路 97 号（邮编：100073）
电　　话	（010）52257143（总编室）　　（010）52257140（发行部）
电子邮箱	eo@chinabp.com.cn
经　　销	全国新华书店
印　　厂	北京四海锦诚印刷技术有限公司
开　　本	710 毫米 ×1000 毫米　1/16
印　　张	11.5
字　　数	220 千字
版　　次	2024 年 4 月第 1 版
印　　次	2024 年 4 月第 1 次印刷
书　　号	ISBN 978-7-5068-9636-8
定　　价	68.00 元

版权所有　翻印必究

前 言

我国有着数千年的农业种植历史，在世界文明史上占有重要的地位，同时农业在我国的经济发展中也一直占据着巨大的比重。但随着社会经济的发展以及产业化结构的调整，传统的农业发展模式已无法适应当前的实际需求，农业经济产业化发展成为时代发展的必然趋势。这要求在农业发展过程中坚持落实可持续发展理念以及科学发展观，加强科技的创新和农业与市场经济之间的协调，从而推动农业经济产业化发展，实现我国社会主义新农村的构建。

现代农业的发展对农业技术推广人员的知识和能力提出了更高的要求，随着时间的推移，很多农业技术人员的知识已经老化和单一，难以适应新形势下农业经济发展的需要和农业技术推广工作的要求。农业产业化是推进农业现代化，促进农业体制的创新和生产经营方式的变革，实现农业规模化、集约化、企业化经营的有效途径。为此，本书立足于新形势下农业经济发展的理论，结合农业产业化发展的实际，首先阐述了现代农业经济概况、农业经济研究调查方法、农业经济发展宏观调控及农产品市场与营销管理；接下来论述了农业产业化发展、农业产业化经营、农业产业结构与布局；最后研究了农业企业融资与农业经济发展。本书对于研究现代农业经济发展及农业产业化发展具有重要的指导意义。

由于编者水平有限，加之编写时间仓促，书中不足乃至错漏之处难免，敬请广大专家、同行和读者批评指正。

目 录

第一章 现代农业经济概述 ... 1
第一节 农业的特征与地位 ... 1
第二节 农业经济的形式与组织 ... 8
第三节 农业经济管理的性质与内容 ... 19

第二章 农业经济研究调查方法 ... 23
第一节 农业经济研究调查理论与方法 ... 23
第二节 农产品流通的研究调查方法 ... 30
第三节 农村金融的研究调查方法 ... 35
第四节 农业宏观经济管理与财政的调查方法 ... 39

第三章 农业经济发展宏观调控 ... 43
第一节 农业宏观调控的地位与作用 ... 43
第二节 农业宏观调控的对象和任务 ... 48
第三节 农业宏观调控的手段 ... 55

第四章 农产品市场与营销管理 ... 59
第一节 农产品市场体系概述 ... 59
第二节 农产品物流 ... 66
第三节 农产品营销 ... 73

第五章 农业产业化发展理论 ... 86
第一节 农业产业化的概念与意义 ... 86
第二节 农业产业化发展的理论基础 ... 89

第三节 农业产业化构成要素与运行机制 …… 95

第四节 农业产业化的发展方向 …… 101

第六章 农业产业化经营 …… 105

第一节 农业产业化经营的概念与模式 …… 105

第二节 农业产业化经营的指标体系 …… 109

第三节 农业产业化经营契约 …… 114

第四节 农业产业化与农地流转 …… 119

第七章 农业产业结构与布局 …… 124

第一节 农村产业结构 …… 124

第二节 农业产业结构 …… 129

第三节 农业生产布局 …… 133

第四节 农业生产布局的调整与优化 …… 136

第八章 农业企业融资与农业经济发展 …… 148

第一节 农业企业融资环境与渠道 …… 148

第二节 农业企业风险管理与控制 …… 158

第三节 农业资源的可持续利用 …… 164

第四节 发展农业循环经济 …… 169

参考文献 …… 177

第一章 现代农业经济概述

第一节 农业的特征与地位

一、农业的概念

农业是人类利用自然环境条件，依靠植物、动物、微生物的生理机能，通过劳动强化和控制生物的生命活动过程，以获得社会所需物质产品的社会生产部门。

农业是人类社会最古老的生产部门，它是人类为了自身的生存和发展，在与自然界的长期交往中逐渐形成和发展起来的产业。农业生产过程是三类因素共同作用的过程：①生物有机体，包括植物、动物和微生物；②自然环境，如土、水、光、热等；③人类借助劳动手段进行的社会生产劳动。通过三类因素的共同作用，农业为社会提供所需要的农产品，并为人类创造良好的生态环境。

以生物作为劳动对象和手段是农业概念的基本内涵。关于农业概念的外延，学界有不同的解释。有的把农业只理解为植物栽培业和动物饲养业；有的学者则以农业所包括的内容和范围为依据，将农业做出狭义农业和广义农业两种解释。狭义农业是指作物栽培业，即我们通常所说的种植业。广义农业则包括种植业、林业、养殖业、渔业以及副业，即通常所说的农、林、牧、副、渔五业。在现代物质生产部门中，林业已经被单独划分为一个独立的生产部门。从林业生产的内容来看，包括造林、营林、采伐、加工等部分，其中的造林、营林是以土地为基本生产资料的植物栽培活动，具有农业的性质，而采伐和加工则表现为工业生产劳动的性质。在林业生产中，造林育林是最基本的生产活动，是林业再生产的关键环节，也是农业生产活动中的一项重要内容，因而从广义的角度也把林业视作农业的一个组成部分。就渔业生产而言，包括采集、捕捞和养殖等内容，其中采集和捕捞具有工业生产的性质，养殖具有农业生产的性质。从渔业再生产过程来看，养殖是基础，决定着采集和捕捞的规模与程度，这在现代渔业生产中表现得尤为明显，所以将渔业划为农业的范围。至于农业中的副业，包括采集、捕捞、农副产品加工、运输等活动，并不表现为农业生产的性质，但这些活动在现阶段仍作为农民生产活动的一项内容附属于农业内部，所以仍然把副业作为农业的一个组成部分来看待。当然，从未来发展趋势看，随着农业分

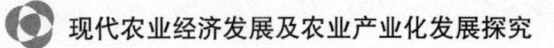

工和农业生产专业化的发展,副业将逐步从农业中分离出来,成为独立的部门或分属于其他部门。我国目前对农业一般都从广义的角度做出解释,本书中我们采用广义农业概念。

二、农业的特征

(一)农业的本质特征

农业再生产过程包括两类再生产,即自然再生产和经济再生产。自然再生产与经济再生产相交织是农业的本质特征。

所谓自然再生产,是指生物依靠自然环境和自身的生活机能而进行的自然生长发育过程,即生物有机体同自然环境之间不断进行物质能量交换和转化的过程。植物吸收土壤中的水、肥和空气中的二氧化碳,利用太阳能进行光合作用,制造出含有碳水化合物、蛋白质、脂肪等物质的植物产品。动物利用植物产品进行自身的生命活动,并为植物的生长提供肥料等条件,再加上微生物的活动,就形成自然界的物质循环和万物繁衍过程。自然再生产过程是生物通过自身的代谢活动而实现的,它是农业再生产的自然基础。农业再生产过程还需要有人类劳动的加入,这就决定了它同时又是一个经济再生产过程。所谓经济再生产,是指在一定的生产方式中,人们通过有目的的活动,利用动植物的生理机能和改造环境条件所反复进行的社会生产过程。经济再生产是人类遵循自然规律和经济规律,根据自身的需要,通过劳动对自然再生产进行引导和强化的过程。在农业再生产过程中,自然再生产与经济再生产是相互融合、交织进行的。

(二)农业的一般特征

从经济再生产与自然再生产交织在一起这一基本特征出发,我们可以归纳出农业生产有别于其他生产部门的几个主要特征。

1.土地是农业生产中不可替代的最重要、最基本的生产资料

在其他部门的生产过程中,土地仅仅是劳动场所或空间载体。在农业生产中,土地是提供植物生长发育所必需的水分和养料的主要来源,是动植物生长发育的重要环境条件。因此,土地的数量和质量都是农业生产的重要制约因素。

自然界中的土地数量是有限的,土地中能够被作为农业用地的数量更是有限的。农业用地包括耕地、林地、牧草地和水产养殖用地。全球农用土地的面积占土地总面积约2/3,而可耕地面积仅占土地总面积的10%,特别是中国由于人口众多,人均耕地仅$0.1hm^2$,相当于世界人均耕地资源的40%,农业生产不仅受土地面积的制约,也与土地质量密切相关。农用土地的质量一方面取决于其所在的位置,另一方面取决于土壤每期演化过程中形

成的理化性状以及人类劳动形成的土地肥力。虽然人们可以通过适当的工程措施和生物技术措施在一定程度上改变土地质量，并在土地位置不可改变情况下局部改变其温、光、水、热、气等条件，但这是极为有限的，而且所有这些措施都要付出代价。

正是因为土地在农业生产中的特殊重要性，很多国家都注意保护农用土地，特别是保护耕地。中国更是将"合理利用土地，切实保护耕地"作为一项基本国策。

2. 农业生产要受到自然环境的强烈影响

现有动植物的生长发育特点主要是自然选择的结果，成功的人工选择也必须适应自然环境。自然环境对农业生产的影响首先表现为各地区不同的气候、地形、土壤和植被等条件下，形成各地独特的农业生产类型、品种、耕作制度和栽培技术。农业生产具有明显的区域化趋势。正确认识这种影响的客观存在，因地制宜进行农业生产布局，建立合理的农业生产区域结构，就可以充分合理地利用各地区自然资源加快农业发展速度，增加农产品有效供给。

自然环境对农业生产的影响还表现在农业生产的波动性。由于气候变化，尤其是灾害性天气，如旱、涝、风、冰雹、低温等，可能导致农产品产量年度间的剧烈变化。病虫害的暴发往往也与气候的变化有关，由此可能导致农业严重减产。气候变化对农业造成的波动往往是不以人的意志为转移的。这就必须建立合理的农产品储备体系，同时应积极采取减灾措施，包括建设水利工程、培育抗逆性强的动植物品种、生产类型多样化、综合防治病虫害。认识、掌握各地区自然气候变化规律，适应自然、保护自然、趋利避害、扬长避短，是我们组织农业生产时的一条重要原则。

3. 农业生产具有周期性和季节性

农业生产周期长，生产时间和劳动时间不一致。农业生产的周期取决于动植物的生长发育周期，通常达数月。动植物的生长发育过程贯穿于整个生产过程，但农民劳动并不需要持续整个生产过程，即农民的劳动时间仅仅占动植物生长周期的一小部分。

农业生产同时具有比较强的季节性。由于动植物生长发育的周期受自然环境条件的影响，各种农业生产的适宜时间通常固定在一定月份，劳动时间也集中在某些日期。

农业生产的周期性和季节性决定了农业劳动力和其他生产资料的季节性、资金支出的不均衡性和产品收获的间断性。这就要求安排农业生产一定要不违农时，同时为了充分利用农业剩余劳动时间，增加农民收入，农户实行多种经营和兼业经营是十分必要的，尤其是中国这样小规模经营农户更是如此。解决农业生产的季节性和农产品消费的连续性的矛盾，需要发展农产品的储藏保鲜和加工业。

对于农业生产周期长带来的决策风险，政府应该健全农产品市场体系，建立市场信息

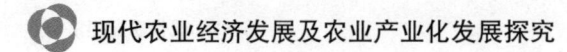

发布和预测制度、农业保险制度以及农产品保护价收购制度等。

4. 农业生产中的动植物生产是生态循环系统中紧密联系的重要环节

对农业生产来说，植物生产属于第一性生产，它吸收土壤中的养分、水分和空气中的二氧化碳，通过光合作用，形成植物能。它的生产实质是最大限度地提高作物对太阳能的利用率。养殖业生产主要是以植物产品为养料，通过动物的生理机能，再将植物能转化为各种动物性产品，提高动物对植物能的利用率和能量转化率，是畜牧和水产养殖业生产的实质；同时再将一部分动物不能吸收利用的物质，加工成有机肥，返还给土地。植物生产和动物生产是整个生态循环中的两个重要环节。发展养殖业首先要建立巩固的饲料基地，不断扩大饲料来源，并根据各种动物生产和生活的需要，经济合理地配制饲料，保证动物在维持营养的基础上，合理利用和保护各种饲料资源。要坚决防止和克服掠夺式地利用各种自然资源。如果没有第一性植物生产的充分发展为基础，发展第二性的养殖业生产就是一句空话。

5. 农业生产适合于家庭经营

农业是农民熟悉的产业。家庭经营农业，灵活性强，节省监督成本，既适合于采用传统技术和经验，实行小规模家庭经营，精耕细作，较少资本投入，从而生产成本很低，也适合于较大规模的家庭经营，即采用先进科学技术，实行规模经营，取得规模效益。家庭经营，可以集农牧结合之利，充分利用剩余劳动力和各种农副产品资源以及农牧民积累的各种传统经验，增加收入。从长远来讲，随着农业生产力水平的提高，农业劳动者可管理的土地面积逐渐扩大，能够获得与其他产业基本相等的收入。要逐渐减少农户的数量，推进适度规模经营。

三、农业在国民经济中的地位和作用

（一）农业是国民经济的基础

1. 农业是人类赖以生存和发展的基础

农业是人们的衣食之源、生存之本。直到目前，维持人类生理机能所必需的糖类、蛋白质、脂肪和维生素等基本营养物质只能靠农产品提供。农业以动植物为劳动对象，利用农作物的光合作用吸收太阳能和自然界中的无机物质来生产谷物、豆类、油料、蔬菜、水果、棉花等植物性产品，再利用动物的消化合成功能将植物性饲料转化为肉、蛋、奶、皮、毛等动物性产品，解决了人们的吃饭、穿衣问题。尽管现代科学技术发展迅速，但是用无机物人工合成食物以满足人类需要，仍是十分遥远的事情；化学工业的发展使得合成纤维、合成革产量、质量都有很大提高,但无论在世界任何地方、任何时候,这些化学合成制品都未能完全取代棉、麻、毛、丝等天然皮革。

2. 农业是其他物质生产部门独立和发展的基础

农业曾经是人类社会的唯一生产部门。随着农业生产力的提高,人们生产的农产品在满足农业劳动者自身需要后出现了剩余,手工业逐渐从农业部门中分离出来,成为独立的生产部门。随着农业和手工业的进一步发展和分离,商品交换范围和规模不断扩大,从而导致商业也形成独立的经济部门。随着社会分工的不断扩大,新的生产部门不断形成并独立出来。但是人类社会分工的任何发展,都依赖农业生产力的提高和剩余农产品的增加。

农业生产发展不仅为其他产业提供了工业原料,而且还提供了充足的劳动力。农业生产力的高低、农业所能提供剩余产品的多少,在很大程度上决定了非农产业部门的发展速度。人们对吃饭、穿衣的需要,其他产业对工业原料的需要,可以通过种植业生产粮食、棉花、油料、水果、蔬菜等,饲养业生产肉、奶、蛋、皮、毛等得到满足。

3. 农业是非物质生产部门存在和发展的基础

国民经济是由生产部门、流通部门和其他物质生产部门构成的总体。随着人们生活水平的提高,对精神文化的追求则逐渐增长。与非农产业部门一样,这些物质生产的社会部门的存在也离不开农业的发展。只有农业剩余产品不断增加,才能使越来越多的人不仅能够脱离农业,而且能够脱离物质生产部门,从而使科学、文化、教育、卫生和其他公共部门得以独立出来并获得进一步的发展。

(二) 农业在我国的重要作用

1. 农业对国民经济发展的贡献

(1) 产品贡献

农业一方面提供了人们所需要的所有食品,使人类得以生存和发展,另一方面又提供了大量的工业原料。在我国轻工业产值中,以农产品为原料的产值占有重要比重。我国是发展中国家,大力发展以农产品为原料的加工业,可以发挥我们的优势,推进工业化进程,增加国民收入。

(2) 市场贡献

农业的市场贡献主要表现在两方面:一方面,农业要为市场提供各种农产品,以满足社会对农产品日益增长的需要;农产品市场是消费品市场的主要组成部分,其丰裕程度是一个国家或地区市场繁荣程度的基本标志。另一方面,农业还是工业品的购买者。我国农村是工业品的基本市场,随着农业现代化的发展和农民生活水平的提高,农村对农用工业品（主要是生活资料）的需求将日益增加，这就为工业提供了日益广阔的市场。

（3）要素贡献

农业对国民经济的要素贡献主要表现在：一是资金贡献。我国工业化起步较晚，起点低，基础薄弱，农业不仅要为自身的发展积累资金，还要为工业发展积累资金。二是劳动力贡献。随着农业劳动生产率的提高，农业部门的剩余劳动力逐步转移到非农部门，它是国民经济其他部门发展所需劳动力资源的主要来源。

（4）外汇贡献

农业对国家的外汇贡献主要表现在两方面：一是直接贡献，即通过农产品及其加工制品的出口，直接为国家创汇；二是间接贡献，即扩大农产品进口替代品的生产，减少外汇支出，为国家平衡国际收支做贡献。

2. 农业对社会稳定的作用

农业问题既是重大的经济问题，又与整个社会的稳定密切相关。从社会角度看，农业能否稳步发展，为社会提供充足的农产品，以满足人民生活水平不断提高的需要，是社会能否稳定的基本前提。可见，农业是安定天下的产业。从政治角度看，国家的自立在很大程度上取决于农业的发展。我国是世界上人口最多的国家，如果农产品（特别是食品）不能保持基本自给，过多地依赖进口，不仅会给世界农产品（特别是食品）市场带来极大的压力，而且一旦国际局势变化，我们则可能受制于人，在政治上陷入被动，甚至危及国家的安全。

3. 农业的生态功能

农业与自然环境密切相关。我们过去破坏自然生态环境给农业造成损失，现已清醒地认识到，只有与大自然保持和谐，农业才能持续发展。通过科学地利用自然资源和合理地进行生产经营活动，农业不仅能为自身的发展创造良好的自然条件，而且能为社会营造一个良好的生态环境。

在治理污染方面，农业也具有相当重要的作用。粪便、生活垃圾可以作为有机肥料，在增加农产品产量的同时，还可以减少对环境的污染；农作物和林木的光合作用可以为减少温室效应发挥作用；绿色植被可以降低城市噪声、减少粉尘；农业土壤和水中的微生物可以分解环境中的有害物质，对环境起到净化作用。

（三）农业与国民经济其他部门的关系

1. 国民经济的部门划分

现代国民经济是由若干相互独立又相互联系的部门组成的一个复杂的体系。按照不同目的对国民经济的部门有很多划分方法,其中最基本的方法是根据社会生产活动历史发展顺序以及社会生产活动与自然界之间关系对国民经济部门结构划分,分为三次产业。国际上比较通用的产业结构划分方法是,将产品直接取自自然界的部门称为第一产业,对初级产品进行再加工的部门称为第二产业,为生产和消费提供各种服务的部门称为第三产业。各个国家在划分产业部门时采用的具体标准也有一些差异。中国对三次产业的划分标准为:

第一产业:农业,包括种植业、养殖业、林业、渔业。

第二产业:工业、建筑业。其中工业包括采掘工业(采矿、晒盐、森林采伐等);制造业(对农产品、采掘品的加工、再加工);电力、自来水、煤气的生产和供应;对工业品的修理、翻新。建筑业包括房屋、构筑物建造和设备安装等。

第三产业:除第一产业、第二产业以外的其他各业,总体分为流通部门和服务部门。其中流通部门包括交通运输业、邮电通信业、商业、饮食业、物资供销和仓储业;服务部门包括为生产和生活服务的部门;为提高科学文化水平和居民素质服务的部门;为社会公共需要服务的部门等。

2.农业与第二产业的关系

农业生产资料来源离不开第二产业。现代农业离不开机械设备和动力,而机械设备和动力直接或间接来自煤炭、石油、金属和非金属矿产等,因此,采掘业是农业生产资料的最初来源;农业部门要从石油加工、化学原料及制品、金属冶炼、机械制造、电子、仪表等制造行业购买农业生产资料,为了经营管理的需要,还要从造纸、印刷、文体用品等行业购买用于日常管理的消耗品;电力、煤炭和水生产供应等行业都可能直接或间接为农业部门提供生产资料;农业生产需要一定的生产性建筑,尤其是现代化的种植、养殖业实现了工厂化生产,更是离不开建筑业。

大量的农产品需要加工转化,农业与第二产业相互依赖。农产品除了一部分直接供人们消费外,相当多产品要用于食品加工、烟草、纺织、皮革、造纸、医药等行业作为生产原料,如果没有充足的农产品原料供应,相关的工业部门就无法正常生产;同时,如果没有农产品加工业的充分发展,农产品就会出现销路不畅、过剩,价值难以实现,最终影响农业快速发展。

无论是购买农业生产资料,还是销售农产品,都需要交通运输业、邮电通信、商业和仓储业的服务;餐饮业都是以农产品为主要原料;金融、保险、地质勘察、农、林、水服务以及水利、交通部门都可以直接为农业部门提供服务;文化、科技、教育部门有助于提高农业劳动者的素质和技能;社会公共服务部门通过维护社会经济、政治的安定和生产生活的正常秩序,因而这些部门也都在直接或间接地为农业生产提供服务。

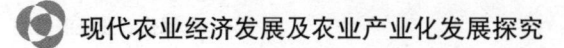

除了为餐饮业提供食品原料以外，农业还为新兴的生态旅游、乡村旅游、休闲观光旅游提供载体和服务。综上所述，农业在国民经济中具有重要的地位和其他经济部门所不能取代的作用。随着农业现代化的发展，农业与产前部门和产后部门，与二、三产业之间的联系越来越密切。

第二节 农业经济的形式与组织

一、农业经济形式与经营方式

（一）经济形式的概念

1. 经济形式的概念

广义的经济形式又称为经济组织形式或经济成分，通常是指生产资料所有制的形式，即生产资料归谁所有、由谁支配和由谁受益等生产关系的表现形式。经济形式决定了生产关系的本质。一般来说，任何一种社会制度、任何一种经济部门，其经济活动都是以一定的所有制的经济形式为基础的。生产资料所有制形式是由生产力决定的。

2. 生产资料所有制关系

生产资料所有制简称所有制，它是社会上的生产资料或企业的资产归谁所有、由谁支配、由谁受益并承担经济责任等基本生产关系或基本经济制度的概括。实际上，这种所有制关系必然伴随着拥有一定的经济利益。因此，所有制包括生产资料的所有、占有、支配和使用等方面的经济关系，而"所有"是所有制关系的主要内容。

农业中的所有制是指农业中的这些基本生产关系和基本经济制度，是农业中全部生产关系的基础，对生产关系具有决定性作用。但由于资本在经济活动中的作用日益增大，生产资料所有制关系演变为产权关系，一般意义上的"生产资料所有制"中的生产资料淡化、抽象化为产权关系。

3. 所有权与经营权

生产资料所有制（又称产权制度）派生出两个权力，即所有权和经营权（支配权、使用权）。所有权是生产资料所有制的核心，决定着生产资料所有制的性质，对生产资料经营权起着制约作用。经营权是所有权的运用和延伸，具有相对独立性。因此，生产资料所有权和经营权可以统一于一个主体，也可以分离。

（二）农业经济形式的构成

在改革开放之前，我国农业中的经济形式主要表现为全民所有制和集体所有制两种类型。始于 20 世纪 70 年代末的农村经济改革，使我国农业经济形式发生了深刻的变化，形成了多种类型的农村经济形式结构。

1. 全民所有制的农业经济

全民所有制的农业经济是指生产资料归国家所有的经济形式，是社会主义经济的重要组成部分。我国农业中的全民所有制经济，包括两种类型：一是直接从事农业生产的国有农场、国有林场、国有畜牧场、国有渔场等（统称国有农场）；二是从某一方面为农业服务的各类农业企业和农业事业，主要有国有农机站、水利排灌站、农业技术推广站、农经站、种子公司、农药公司、肥料公司、饲料公司、农机公司以及农业科研单位等。

国有农场一般规模较大，技术装备和经营管理水平较高，技术力量较强，资源比较丰富。因此，能够充分利用先进的科学技术，能够合理地利用各种资源，能够更好地运用国家的人力、物力和财力，更好地按照国家的需要来发展生产，有较高的劳动生产率和商品率。所以，它在社会主义经济建设中具有重要的作用，可以为国家提供大量的农畜产品，可以在农业现代化方面起示范、推动作用，有利于繁荣边疆经济和文化，有利于巩固国防，等等。

2. 集体所有制农业经济

集体所有制农业经济是指生产资料归集体成员所有的一种经济形式。它是我国农业中的主要经济形式，其中包括：一是地区性农业合作经济，它以原生产队、生产大队或自然村为单位，通过联产承包，实行统分结合双层经营的一种合作经济；二是乡办、村办集体企业；三是服务性的合作经济，包括供销社、信用社和地区性合作经济兴办的专业性合作组织等；四是多种形式的联合经济。

3. 农业中的个体经济

农业中的个体经济是指以家庭为主要生产经营单位，生产资料为个人所有，产品归个人支配，依靠自己家庭的劳动力、生产资料和资金，从事农、林、牧、渔、工、商、建、运、服务等各业的某方面的综合性生产或专业性生产，实行独立核算、自负盈亏的一种经济形式。

4. 农业中的私营经济

私营经济是指生产资料归公民个人所有以雇佣劳动为基础的经济形式。实行联产承包制后，少数农民由于在某些生产要素（技术、资金、资源、经营等）上存在着程度不同的优越条件,积累了大量资金,为了扩大经营规模,获得较大的经济效益,在自身劳动力不够,而农业中又存在着大量剩余劳动力的条件下,投资兴办企业,雇工经营。它是社会主义市场经济的重要组成部分。

5. 联营经济

联营经济是指不同所有制性质的企业之间,或企业、事业单位之间共同投资组成新的经济实体的一种经济形式。联营经济只包括具备法人条件的紧密型联营企业,它是由多种经济形式联合的复合经济。联营经济冲破了生产资料所有制在不同经济组织之间占有的限制,把分散的生产要素组合起来,转化为现实生产力,从广度上开阔了视野,把不同经济形式的潜能调动起来,推动了生产力的发展。

6. 股份制经济

股份制经济是指全部注册资本由全体股东共同出资,并以股份形式兴办企业而形成的一种经济形式。

7. 中外合资经济

农业中的中外合资经济是指引进国外资本在我国农业中开办的中外合资企业、中外合作经营企业和外商独资经营企业(简称"三资"企业)的一种经济形式。

"三资"企业都是根据我国法律按照平等互利原则,经我国政府批准,尊重我国主权,接受我国政府监督和管理等条件下进行合法经营,在中外合资和合作企业中,我方掌握了部分的所有权和经营权,能够按照我国的实际情况和原则进行经营。因此,它们在本质上都属于社会主义条件下的国家资本主义经济。

引进外国资本在我国农业中兴办各种企业,利于开发农业资源,解决资金不足、技术和设备短缺等困难,有利于开拓农产品国际市场,发展创汇农业;能够提高农业经济管理水平和劳动者的文化、科技、管理素质。因此,"三资"企业在我国农业中的发展不仅必要,而且十分有益。

(三)农业的经营方式

研究农业经济形式,必须研究经营方式,因为经济形式通过经营方式才得以实现。生产过程中,必须根据一定的经济形式和生产力的实际状况来选择相应的经营方式。

1. 经营方式的含义

经营方式是指在一定的经济形式下,农业企业(农户)对生产要素、生产经营活动进行组织和管理的具体方式。它具有两层含义:一是作为生产力合理组织的层次,是劳动者与各个生产要素的结合;二是作为生产关系实现的层次,是在一定所有制形式下,通过再生产的各个具体环节，体现不同的经济"权、责、利"关系。经济形式是经营方式的基础，经营方式是经济形式在经营过程中的具体体现。经济形式有较大的稳定性，经营方式则具有较大的灵活性，一种经济形式可以有多种不同的经营方式与之相适应；同一经营方式也可被不同经济形式所采用。

2. 确定农业经营方式的依据

（1）经营方式的性质取决于生产资料所有制的性质

任何一种经营方式均要与一定的所有制形式相结合，为此，必须明确界定所有制的性质。确定经营方式的前提是维护其生产资料所有权和占有权不受侵犯，并维护其经济权益，否则，生产资料所有者与支配、使用生产资料的经营者便会发生矛盾，阻碍生产力的发展。

（2）经营方式的组织及其规模取决于生产力的发展水平

刀耕火种的原始社会生产力，只适合于当时氏族、部落群体劳动的经营方式；手工操作的小商品生产，只能是自给自足的家庭经营方式；现代社会化的农业商品生产，则采用企业化的经营方式。

（3）经营方式必须符合农业生产的特点

农业生产是以有生命的动植物为劳动对象，在自然条件制约下，在广阔的空间里进行劳动的生产过程，它要求生产经营者具备高度的责任心，采用因时因地制宜的灵活措施，进行分散独立的劳动。从世界各国的普遍情况看，基本上都选择了家庭经营的方式，这种家庭经营的方式就是与农业生产的特点相适应的。

（4）经营方式取决于经营管理水平

农业企业（农户）的生产经营者，如有较高的管理水平，便可采用现代企业的经营方式。如缺乏应有的经营管理水平，只能采用家庭经营方式。

此外，经营方式还受社会制度、风俗习惯、政策法令等因素的影响。

上述因素对经营方式的形成和确定起着单一或综合的影响作用。因此，应根据生产力的实际水平，选择能兼容上述因素的经营方式。

3. 经营方式的类型

经营方式是适应生产力发展的要求而采取的经营管理方式与方法。我国农业生产力发展的不平衡性和多层次性，不仅决定着经济形式的多样化，而且要求多种经营方式与之相适应。只有这样，才能保证充分利用各种生产要素，更好地适应生产力的发展。

目前，农业中的主要经营方式有集体统一经营、承包经营、双层经营、租赁经营、股份制经营、劳动者个体经营和私人雇工经营等。

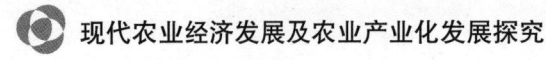

（1）集体统一经营

是指集体所有制企业对本单位的生产经营活动直接进行经营管理的方式，这种经营方式是所有权与经营权相统一的，所有者又是经营者，所有者直接运用他所拥有的生产资料，进行生产经营活动。

（2）承包经营

是指在生产资料所有制形式不变的前提下，由发包方同承包方签订承包合同，规定双方的权责利。经营过程由承包方负责，独立经营，自负盈亏。承包者可以是集体承包和个人承包。通过承包，实现所有权与经营权的分离。所以，承包经营是一种比较普遍采用的经营方式。

（3）双层经营

是指农业中的集体统一经营和家庭承包经营相结合的经营方式。

（4）股份制经营

是以股份制经济形式为基础、所有权和经营权适当分离的一种经营方式。股份所有者（通过股东会议选举产生的董事会）对生产经营者有较多的管理权，直接参与重大经济活动的决策和决定企业的经营目标、任务，厂长（经理）必须对董事会负责。

（5）租赁经营

是指由出租方将其所有的生产资料或企业经营权出租给集体或个人，以取得租金收入的一种经营方式。租赁经营是使所有权与经营权相分离的又一种经营方式。通过租赁经营，使出租方将拥有的资产有偿让渡给承租方经营使用，从而实现经营者、劳动者与生产资料的有效结合，并直接取得经营利益，能充分调动承租者的生产经营积极性。

（6）劳动者个体经营

是指生产资料在个人所有（包括家庭所有）的基础上，以自己的劳动力为主体，进行自主经营、自负盈亏的一种经营方式。这种个体经营方式是同个体经济形式相一致的。

（7）雇工经营：是指在生产资料私有制基础上，雇用劳动力进行生产经营的方式。这种雇工经营方式同私营经济形式相一致。

二、农业经济组织

（一）农业经济组织的概念

农业经济组织是指为了实现一定的经济目标和任务而从事农业生产经营活动的单位或群体。它既是一定社会生产关系的具体体现，也是一定生产力的具体组合形式。社会再生产过程是由具体的经济组织实施并完成的。人类社会的各种经济活动，均是在经济组织内或经济组织之间进行的，换句话说，人类社会的一切经济活动，都有一定的经济组织形式和基本单位。

经济组织的性质由社会经济制度的性质决定，它是一定的社会经济制度的具体体现。经济组织的形式是在一定所有制的基础上，随生产力的发展而变化，不同的生产力水平有不同的经济组织形式。当今世界，各国的农业中都存在家庭和企业两种经济组织形式，而家庭经营更为广泛。

经济组织的功能是指经济组织依靠自己的物质技术力量和组织力量实现其经济目标、社会目标的作用。经济组织的功能，除受其物质技术条件和组织能力限制外，还受社会制度、政治因素、生产关系和经营方式等因素的影响。

（二）我国农业经济组织的基本形式

1. 家庭

即农户，是我国农业主要的经济组织形式。

家庭，既是社会生活的基本单位，又是社会生产的组织形式。两千多年来，我国农业一直沿用家庭这一经济组织形式，究其原因主要是我国生产力水平不高，家庭中还有许多可利用的资源。采用家庭这一经济组织形式，将生活单位和生产组织有机地结合在一起，其成员间有血缘或亲缘关系，利益直接，有较强的凝聚力和忍耐力，能充分利用和配置资源，组合成较高的生产力，取得较高的经济效益。家庭这一具体经济组织形式，在当前和今后一个相当长的历史时期内，将发挥其应有的作用。农业家庭经济形式主要有家庭统分结合经济、家庭个体经济、家庭私营经济和家庭其他经济四种。家庭的经营项目基本以农为主、多种经营。

在市场经济条件下，农户家庭经营不再是过去的自给自足的小生产方式，而是逐步形成的以农民家庭为主体、以社会化服务为条件、进行社会化生产的开放式经营。农户家庭经营是合作经济的一个经营层次，属于新型的家庭经济，而不是个体经济。它有利于发挥农民的生产积极性，充分利用家庭劳动力资源和传统的工艺技术，有利于为市场提供多品种、多花色、高质量产品，满足市场的多样需求；有利于促进社会安定团结，对发展农村经济，增加农民收入，改善农民就业环境，协调人与人之间的社会经济关系等方面，都具有重要作用。

2. 企业

是从事物质资料生产、流通或劳务活动的营利性经济组织形式。

企业是商品经济的产物,一般具有如下特征:①拥有一定数量的劳动者和生产资料,进行自主经营,是独立的商品(或劳务)生产经营者;②在经济上实行独立核算、自负盈亏,以收抵支并有盈利;③在法律上具有法人资格。公司属于企业的组织形式,公司就是企业。

3. 农业合作经济组织

农业合作经济组织(也称农业合作社)是指农民尤其是以家庭经营为主的农业小生产者,为了维护和改善各自的生产条件,在资源互补和平等互利的基础上,遵守合作社的法律和规章制度,联合从事特定的经济活动所组成的企业组织形式。在现代农业中,农业经济合作组织是农民适应农业专业化、社会化和市场经济的发展,联合起来,发挥协作优势,抗御自然风险和市场风险的有效组织形式。

(1)合作经济的基本原则

①公平原则

主要指在合作经济组织的分配中,应当是公平合理的。合作社的社员是为了合作收益走到一起的,因此,他们对合作收益的分配,会给予最大关注。公平,是收益分配最基本的原则。

②民主原则

是社员参与管理和监督的基本原则。合作社是社员自己的组织,社员是财产的主人。在合作社中,不存在劳资的对立,因此社员有权参与合作社的管理,有权知道自己的财产运行状态,有权参与决定合作社的发展大计。同时,合作经济的民主原则,也是独立个体平等要求的体现。平等是民主的内容,民主是平等的体现。二者密不可分。

③互利原则

包括两层含义:一是每个社员都必须对合作社、对他人做出基本限额以上的贡献;二是每个社员都能从合作社得到自己所需要的帮助。我为人人,人人为我,就是互利原则的具体表现。

④自愿原则

其主要内容是:"入社自愿、退社自由。"自愿原则,是合作经济其他基本原则的基础与保证。合作经济要求公平,要求民主平等,要求互利,然而,在具体的运行过程中,这些原则有可能会走样。对一个合作社来说,它可能有公平分配的积极行动条款,却没有公平分配的内容;有民主管理的机构,却没有民主管理的实质;有互利的要求,却没有互利的表现。杜绝这一现象的根本途径,除了重申公平原则与民主原则外,只有依靠自愿原则的贯彻。社员有权自愿入社、自由退社,一部分人想要违背合作原则就会有所顾忌。并且，某些人一旦违背了订立的基本原则，社员通过退社可以解除合作关系，或者重新组织和参加新的合作组织。

（2）农业合作经济的功能

与分散和独立的农户经营比较，农业合作经济具有明显的优势，这种优势具体体现在农业合作经济的以下主要功能上。

①发挥协作优势

家庭经营是现代农业经营的微观基础，但随着现代农业的发展，农业专业化程度日益加深，农户仅靠自身的力量已经难以完成生产的全过程，这就要求农户组织起来，依靠协作去解决一家一户在生产和流通等领域难以解决的问题，以保证农业生产经营活动的顺利进行。农业合作经济顺应了这种要求，将农户组织起来，充分发挥协作的优势，使合作经济的总体功能大大超过农户独立运行状态下各局部功能之和。

②优化要素组合

在农户分散独立经营条件下，各农户拥有的生产要素，其种类和数量不尽相同。有的农户因缺乏某些生产要素，影响了生产活动的正常进行；与此同时，有的农户却因某些生产要素过剩而导致闲置浪费。通过合作，农户的生产要素可以在较大范围内按照合理的比例重新组合，从而充分发挥生产要素的作用。此外，在不同的规模和技术条件下，生产要素的组合边际不同，通过合作，不仅扩大了生产经营规模，而且有利于新技术的推广应用，提高技术水平，进而提高生产要素的组合边际，获得更大的经济效益。

③提高竞争能力

现代农业是与市场经济相伴而生的，而分散经营的农户，仅靠一家一户的力量难以面对激烈的市场竞争。农业合作是农户为适应市场竞争的需要而组织起来的，它可以更好地获得和利用市场信息，根据市场需要及时调整生产结构和产品结构，提高农产品的市场竞争力；同时，农民通过合作组织起来，可以大大提高市场交易的谈判能力，降低交易成本，减少市场风险。

④减轻自然风险

农业受自然环境的影响大，自然灾害往往给农业生产带来很大的危害。农户在生产经营过程中，仅靠一家一户的力量，难以抗御较大的自然灾害。农民通过合作组织起来，依靠群体的力量，就能有效地抗御自然灾害，减轻自然风险。

⑤提高管理水平

民主管理是合作经济的重要组织原则，通过社员参与管理，实行民主决策，群策群力，可以减少经营决策的失误，提高管理的整体水平。同时，社员参与管理，还可以有效地监督管理者，促使管理者严格执行合作社的章程，遵循合作社章程所规定的基本原则，实现管理的规范化。

农业合作经济是我国目前农业中集体所有制经济的主要经济形式，由于它是以土地为基本生产资料，以村落或居住区为单位，因而带有明显的地域性特征，所以人们称之为社区合作经济。它通过联产承包，实行统分结合的双层经营体制。农业合作经济与过去集体经济模式相比有许多不同特点：①在生产资料占有和使用方面，过去主要是集体占有、集体统一使用。现在，作为农业最基本的生产资料——土地仍归集体所有，承包给农户经营。②在经营管理方面，过去主要是集体统一经营，现在实行集体统一经营和家庭（或承包的生产单位）分散经营相结合的双层经营制。③在分配方面，过去是集体统一核算、统一分配，现在实行统一核算与联产包干分配相结合。

实践证明，这种合作经济形式符合我国目前的实际情况，在我国当前农业生产力水平条件下，这种劳动者与生产资料、生产者与经营者以及分配上的统分相结合的形式，既能发挥集体所有制合作经济统一经营的优越性，又能充分发挥家庭经济的作用，能够把集体利益与个人利益更好地协调起来，增强合作经济组织中劳动者的积极性和主人翁的责任感。

（三）我国农业企业的类型

我国现有的农业企业类型较多，按所有制大体可分为以下种类。

1. 国有农业企业

包括生产性的国有农场、林场、牧场、渔场、农副产品加工厂等和服务性的农机站、排灌站、农技推广站、畜牧兽医站、种子公司、饲料公司等。

2. 集体所有制农业企业

一是地区性合作经济组织，它是以土地为基本生产资料、以村落或居住区为单位、土地等基本生产资料属于一定范围内的农民集体所有的经济组织形式。因其带有明显的地域性特征，故称地区性合作经济组织。在不改变土地等基本生产资料集体所有制性质的基础上，合作经济组织广泛开展了家庭承包经营，实行统一经营和分散经营相结合的双层经营体制，既能发挥集体所有制合作经济统一经营的优越性，又能充分发挥家庭经营的作用，能够把国家利益、集体利益和个人利益更好地协调起来。实践证明，双层经营体制符合我国的实际情况。二是专业性合作经济组织，是指从事某一项专业生产或专项经营与服务的农民自愿组成的合作经济组织，如种植、养殖、加工、运输、供销、金融、技术等合作企业。

3. 个体农业企业

由农户家庭个体经济发展起来的以个人劳动为基础的个体企业，如家庭养殖场、家庭农场、家庭加工厂、家庭商店等。规模较大、以雇工经营为主的企业，则称为私营企业。

4. 外商投资企业

引进国外资本在我国开办的企业有中外合资企业、中外合营企业和外商独资企业三种形式。除此之外，还有"三来一补"企业，即来料加工、来样订货、来件装配和补偿贸易。

5. 联营企业

根据平等、自愿、互利的原则，在保证生产资料所有制性质不变和独立自主经营地位不变的前提下，各种经济形式之间进行纵向或横向联合而建立的联合经营企业。

6. 股份企业

采用股份制形式组建的企业。在我国，广大农民群众把股份制和合作制进行有机结合，创建了具有中国特色的股份合作制，它把劳动联合和合股集资结合起来，既有别于股份制，也不同于一般的集体经济。

7. 企业集团

根据地区、行业和供产销之间的联系，由若干个企业按照自愿互利的原则而组成的企业群称为企业集团。

此外，农业企业还可按规模分为大型企业、中型企业和小型企业；按生产要素所占比重不同分为劳动密集型企业、技术密集型企业、知识密集型企业，等等。

三、农业经济管理体制

（一）农业经济管理体制的概念

经济管理体制，是经济管理体系和制度的总和。所谓经济管理体系，是指从中央到地方，到企业，直到企业内部的各层次之间的经济管理系统。这种管理系统中既存在着上下级之间的纵向关系，又存在着同一层次的不同地区、不同单位之间的横向关系。所谓经济管理制度是指整个经济管理系统中各层次、各单位之间相互关系的处理方式。其实质和核心是经济管理系统中纵横交错的网络关系中各级、各层次、各部门、各单位之间责任、权力、利益的划分和实现。

农业经济管理体制是经济管理体制的一个重要组成部分。它是农业经济管理的体系和制度的总和。就其实质而言，它主要是指国家、集体和农民共同组织和管理农业经济活动的制度的形式。农业经济是农业中各种经济关系和经济活动的统称。经济活动作为一种社会行为,是指人类在共同生活中为获得必需的物质资料而进行的生产、交换、分配和消费活动。人们在经济活动中所发生的社会关系,即经济关系。

(二)农业经济管理体制的性质

农业经济管理体制的性质与经济管理的性质具有不可分割的联系,又有着质的区别,为此,要了解农业经济管理体制的性质,先要研究经济管理的性质。

马克思在对资本主义生产关系的分析中,明确指出管理具有两重性:一是指生产力的组织,是管理的生产力属性,又称自然属性。凡是共同劳动的地方,就需要有人来组织、指挥与协调个人活动。经济管理的生产力属性,属管理一般属性,是中性的,社会主义与资本主义可以相互借鉴;二是生产关系的调节,是管理的生产关系属性,又称社会属性。

经济管理体制既然是经济管理的体系和制度的总和,那么,它必然反映生产力合理组织的需求,以及生产关系调节的具体要求。但就其实质来说,主要是生产关系或基本经济制度的具体形式。同时,也包括一部分同生产关系紧密相关的上层建筑的内容,主要是生产关系的具体形式,属于生产关系的范畴。

(三)农业经济管理体制的内容

农业经济管理体制是一个很广泛的领域,其内容反映着农业中的各种经济关系,诸如国家和企业、中央和地方的关系,企业内部的经济关系,以及宏观经济管理体制和微观经济管理体制及其相互关系,等等。

宏观农业经济管理体制,是指国家对农业各行业、各部门的领导,反映国民经济与农业各行业、各部门的经济关系,不同生产资料所有制之间的关系,以及两种公有制企业和家庭经济、个体经济、私营企业之间的关系。其主要内容如下:一是国家领导农业企业的组织系统与决策系统。如国有农场的组织领导系统,集体农业经济、个体农业经济、家庭经济的组织领导系统等。在确立和改革领导农业经济的组织系统中,至关重要的是建立相应的决策体系。即改革决策高度集中的做法,实行中央、地方、企业的多层次决策体系;加强经济管理的经济性,给企业应有的生产和管理的自主权。二是计划管理体制。农业经济是社会主义市场经济的重要组成部分,应建立适应农业市场经济的计划体制。它的基本形式是指导性计划,主要手段是经济办法。三是经济管理制度与经济法规,这是国家对农业经济实行领导的主要保证。国家对农业经济实行经济管理的制度,体现了国家管理农业企业的方式和方法。对不同性质的企业实行统一的管理方式和方法,创造平等竞争的政策环境。经济法规是国家管理经济的重要手段,它对规范经济主体的行为,规范市场竞争秩序，保证经济活动的有序性具有重要意义。为此，必须建立健全适应农业市场经济运行要求的法规体系。

微观农业经济管理体制是指农业企业内部的管理体制，它体现企业内部各级之间纵向的和横向的关系、干部和群众之间的关系、经济合同各方之间的关系、企业和个人之间的关系。其关键是明确各方的经济责任、经济权利、经济利益，并使三者之间紧密结合、协调落实。

宏观农业经济管理和微观农业经济管理是相互制约、相互影响的。微观搞活要在宏观指导下进行，宏观调控要在微观搞活的基础上实现。

第三节 农业经济管理的性质与内容

一、农业经济管理的概念

农业经济管理是国民经济的重要组成部分之一。农业经济是一个结构复杂的系统，是农业中生产、交换、流通、分配、消费等方面经济关系和经济活动的总称。概括地说，农业经济管理是指农业部门（企业）物质资料的生产、交换、消费等经济活动，通过预测、决策、计划、组织、指挥、控制等管理职能，以实现管理者预定目标的一系列工作。

（一）农业经济管理是对农业部门（含企业）经济活动的管理

农业经济管理包括对农业宏观经济活动的管理和农业微观经济活动的管理，属于管理学科，如农业企业的经济管理、农村基层农业经营管理等。

（二）农业经济的宏观经济管理

农业经济的宏观经济管理是指一个国家或一个地区对其所辖农业部门的经济活动的管理。主要是制定政策，调整农业管理体制，设置农业管理机构，确定农业发展战略和规划、布局，运用财政政策和货币政策与手段，对农业经济活动进行宏观的调节和控制等。

（三）农业经济的微观管理

农业经济的微观管理是指农业经济组织和服务组织对农业生产、经营、服务的管理。具体表现为对农业生产过程、生产要素的计划、组织、指挥、控制和协调等，使农业企业内部的人力、物力、财力等得到充分合理的利用，使之产生最大的经济效益。

二、农业经济管理的性质

（一）农业经济管理的两重性

1. 自然属性

农业经济管理有与生产力相联系的一面、由生产力水平来决定的特性。我们把它叫作农业经济管理的自然属性。在管理活动中，对生产力的合理组织，表现为管理活动的自然属性。对生产力合理组织就是把人、土地及自然资源、生产资料等生产要素，作为一种具有自然属性的使用价值来对待。具体表现为，土地等自然资源的合理开发和利用，劳动力的合理组织，农业生产资料的合理配备和使用等。要最大限度地发挥生产要素和自然资源的最大效益。这里需要特别说明的是，农业经济中的生产力与工业经济中的生产力有所不同。农业经济中的生产力的表现为自然资源的特性，其中，特别是土地的特性表现了一定的生产力要素的内容和水平。在传统的农业中，工具简单，人畜结合，自然物和自然力直接为人类提供物质产品的能力低下，人类征服自然的能力不足，产品剩余很少，几乎是自给自足，很少发生交换，规模狭小，不需要严格的经济核算。传统农业只能用传统的办法来管理，自给自足、家庭生产。现代市场农业必须建立现代企业制度，用现代的管理办法来管理，农业必须走向社会化。

2. 社会属性

农业经济管理也有与生产关系相联系的一面、由生产关系的性质来决定的特性，我们把它叫作农业经济管理的社会属性。这里讲的主要是，农业的管理在经济方面要由一定的生产关系的性质来决定。比如，在人民公社制度下，实行土地公有、集体劳动、集体分配，农民家庭只是一个生活单位。目前的联产承包责任制度，保留了土地的集体所有制，建立了集体和农民家庭双层经营体制，把所有权与经营权分开，农民家庭既是一个生活单位，又是一个生产单位。农业经济管理在生产关系方面发生了巨大的变化。

（二）农业经济管理的两重性源于农业生产过程的两重性

农业再生产过程，一方面是"人与自然"的结合过程，也就是物质的再生产过程，主要是生产要素的合理配置和组合等，要求在组织管理等方面与之相适应；另一方面，农业再生产过程也是人与人的结合过程，也就是生产关系的再生产过程。比如，生产资料（土地、农机具等）归谁所有，产品如何分配，人与人之间是一种什么关系等。因为农业经济管理是因农业经济活动的要求而产生的，是为农业经济活动服务的，所以，农业经济活动的这些要求，必然反映到农业经济管理上面来。这就产生了农业经济管理的两重性。生产力决定生产关系，生产关系必须适应生产力的要求，生产力和生产关系构成了一定社会的生产方式。管理是上层建筑，上层建筑必须要为经济基础服务。所以，从这个理论上来说，农业经济管理必然会有两重性。

（三）农业经济管理的两个基本职能

农业经济管理的两重性决定了它的两个基本职能：一是合理组织生产力；二是正确维护和调节生产关系。这两个基本职能是适应农业经济发展的要求而产生的。与两个基本职能相匹配的具体职能就是计划、组织、指挥、协调、控制等。

三、社会主义农业经济管理的特点

从农业经济管理的两重性理论可以看出，就自然属性而言，不同社会制度下的农业经济管理没有什么区别，一切由生产力的水平而定。所以，不同社会制度的国家，在农业生产力的提高和管理上，应该互相借鉴、互相学习。国家与国家之间，只有生产力高低区别，不互相排斥，科学技术没有国界。

我国的农业经济管理仍然要坚持"以公有制为主体，多种经济成分共同发展"的生产关系的调整方针或调整原则。目前，国有农业企业产权关系发生了很大变化，主要趋势是建立现代企业制度，走向股份制经营的道路。在有些国有农场，实行了承包制，建立了家庭农场。农村的土地，仍然坚持公有制，即土地的集体所有制。对于多种经济成分共存，目前在农业经营中，已经有了个体企业、合作制企业、中外合资企业以及外商投资企业等。农业中的产权关系日趋复杂。在经济组织形式上，仍然坚持"以家庭经营为主的双层经营体制"，而且长期不变。在农民与农民的关系上，仍然坚持"互助合作"的人与人的关系原则。但是，在目前的市场经济条件下，人与人之间的合作关系有所加强。在分配原则上，仍然坚持"按劳分配为主与按要素分配相结合"。

四、农业经济管理的内容体系

（一）基本框架

农业经济管理的内容是由其涉及的范围和它的属性所决定的。就其涉及的范围而言，农业经济管理的内容包括宏观管理和微观管理两个部分。就其属性而言，农业经济管理的内容涵盖生产力和生产关系两方面。

农业经济管理是一门应用学科，重点探讨如何采取科学的管理方法，合理组织生产力，正确维护和调整生产关系，包括管理体制、生产要素和合理组合等。

（二）基本内容

科学阐明社会主义农业制度的建立和发展规律，探讨与生产力发展相适应的农业经济管理体制，正确处理农业与其他产业之间、国家与农业企业和农业生产经营者之间的相互关系，探索具有中国特色的农业现代化道路。

依据经济发展的规律和农业生产的规律，在科学分析农业发展的自然与社会经济条件的基础上，进行科学的预测和决策，制定宏观农业发展战略和微观农业经营战略。

以市场为导向，以自然条件为基础，合理调整农业生产结构，搞好农业生产布局，充分利用自然资源，推进农业可持续发展。

合理组织农业生产要素，研究生产要素的筹集、使用、保管、核算。分析农业投入产出情况，对农业技术经济效益进行分析和评价，寻求尽可能好的经济效益。

合理组织农业商品流通，充分利用市场、价格等机制，发展社会主义商品经济。搞好农产品的收入分配，促进农业不断地扩大再生产，增加农民收入。

第二章 农业经济研究调查方法

第一节 农业经济研究调查理论与方法

一、农业经济研究的对象与范围

（一）农业经济的研究对象

农业经济的研究对象主要是农业中的生产力和生产关系以及二者之间的关系。

1. 生产力

经济学的生产力概念是指人们进行生产活动的能力。生产力是进行物质生产和精神生产的基本物质条件。生产力包括三大基本要素：以生产工具为主的劳动资料、引入生产过程的劳动对象以及具有一定生产经验与劳动技能的劳动者。所谓劳动资料是指人们用来影响或改变劳动对象的一切物质资料。现代农业的劳动资料主要包括各种常规农具、农业机械设施、化肥、农药、生产用耕地、林地、养殖场所、生产用建筑物和道路等。所谓劳动对象是指人们把自己的劳动加在其上的一切物质资料。现代农业的劳动对象主要包括土壤（同时又是劳动资料）和种子、苗木、畜禽等生物。现代农业的劳动者主要包括从事商品生产的农户或农业工人。不少教科书认为，生产力本身不是经济学的研究对象。但现代经济学认为，技术进步和劳动生产的提高对经济发展具有极大的促进作用，因此现代农业经济学必然需要将农业技术和农业劳动生产率等生产力范畴的内容作为重要的研究对象。

2. 生产关系

生产关系包括生产资料所有制形式、人们在生产中的地位及其相互关系和产品分配方式三大要素。其中生产资料所有制形式包括公有制、私有制和混合所有制。在欧美国家，生产资料虽然属于私人所有，但耕地的处置和用途变更等要受国家相关法律的限制。当代中国的耕地实行集体所有制，但通过对承包权和使用权等权属关系的分解与变通，实现了生产资料的部分私有化。人们在生产中的地位主要指与生产过程和产品相关的人员在生产中的地位。在市场经济条件下，人们在生产中的地位主要根据其权属关系来确定。现代农业中与生产过程和产品相关的人员主要包括地主、经营者和劳动者。地主对耕地等生产资料拥有所有权,因此也就拥有在合法的条件下处置这些生产资料或变更其用途的权利。经营者可能同时也是地主,或者从地主手中通过租赁或承包等方式取得生产资料的使用权。劳动者可能同时也是地主和经营者,或者同时是经营者,或者仅仅是自身劳动力的拥有者。单纯的劳动者只拥有自身的劳动力和将其出售给经营者的权利。在市场经济条件下,产品的分配方式主要依据生产资料所有制形式和人们在生产中所拥有的权属来确定,但最终的分配额度主要依据人们在生产中所拥有权属的市场价值来确定。现代农业经济学对生产关系的研究主要着眼于各种权属关系和各种经营模式对经济发展的促进作用。

3. 生产力与生产关系之间的关系

按照马克思主义政治经济学的观点,生产力与生产关系之间的关系是辩证关系,即生产力决定生产关系,而生产关系又反作用于生产力。现代农业经济学主要研究如何根据生产力发展的需要,改革和调整生产关系,以最大限度地发挥生产力的作用,并为生产力的进一步提高创造条件。

(二)农业经济的研究范围

研究农业经济的主要目的,是为了把握农业中生产关系和生产力发展运动的规律,促进生产力的发展。围绕这一研究目的,农业经济的主要研究范畴包括以下四方面。

1. 研究农业中生产关系和生产力发展运动的规律

关于农业中生产关系和生产力发展运动的规律的研究以理论研究为主,主要考察不同历史时期农业生产力的发展水平及生产关系的发展变化,揭示导致生产力发展或停滞的主客观因素及影响机制,研究生产关系的改革、调整与生产力的发展空间。现代农业经济学主要研究科学技术对农业生产力的促进和适应生产力发展水平的生产关系的创新,并对农业经济中的各种问题和解决办法进行历史的、理性的、综合的考察与比较分析,从中总结出生产关系和生产力发展变化的规律性,并找出产生问题的原因和对策措施。

2. 研究农业从原材料到餐桌的各个环节中资源配置的效率

即运用经济学的基本原理,考察农业生产、加工、物流、贸易、研发、育种、农业技术推广、培训、投资、融资、营销等环节,了解各种农业自然资源、劳动力资源、科学技术和资本的组织利用与经济效果,用成本、收益和利润等经济指标来说明在不同技术水平条件下,投资、成本、收入和利润之间的增减变化。现代农业经济学在这一范围的重点研究领域包括行业、企业和农户的生产经营情况,土地和其他农业资源的利用情况与利用效率,农业技术进步和农业劳动生产率的提高,农产品流通与市场营销,农村金融与投资及农产品国际贸易,等等。

3. 研究政府宏观调控对农业经济发展的影响

这一范围的研究主要包括两方面的内容：第一方面是考察在一般市场经济条件下，政府作为市场"守夜人"，如何通过维护市场经济环境和弥补市场失灵的缺陷，来确保农业经济的正常发展；第二方面是针对工业化发展还不够充分、农业经济在国民经济中的比重和地位都还较高的经济发展阶段，以及针对农业的弱势地位和农业具有的巨大正外部性等作用，考察政府如何保护和支持农业经济的健康发展。前者的重点研究领域是农产品安全监管和农村公共产品的提供，后者的重点研究领域包括国家粮食安全、农村税费改革、政策性农业金融、财政支农和农业扶贫等。

4. 从多功能的角度研究农业的社会、生态、文化和安全效益

这一范围主要属于后工业社会的研究范畴，研究者主要基于人类的可持续发展视角，从生态环境保护和农业的多功能性等方面试图超越市场经济的价值取向。现代农业经济学的研究强调资源的有限性、生态环境的脆弱性和经济增长的局限性，考察农业本身所具有的生态、社会和文化等方面的价值及其价值转换机制等。这一方面的重点研究领域是都市农业经济、生态（绿色）农业经济和"碳交易"。

二、农业经济研究的基本理论

农业经济是整个国民经济的组成部分。农业经济研究的理论也必然是以经济学的基本理论为基础，并结合农业经济本身的特点。目前，农业经济研究的基本理论主要有基于市场经济、基于社会主义理念和基于可持续发展理念这三种不同的理论体系。

（一）基于市场经济的农业经济研究基本理论

这方面的理论基本上以新古典经济学的一般经济理论为理论基础和研究框架，并融合于一般的经济理论之中。在此基础上，衍生出了一些具体研究农业经济的相关理论。

1. 农业区位论

19世纪初期的德国经济学家冯·杜能在《孤立国同农业和国民经济的关系》一书中，最早提出了农业区位理论。农业区位理论主要从区域地租出发，按照不同的地价区分不同的农业带，并强调了农产品产地到市场距离对土地利用类型产生的不同影响。目前，学者们在进行现代农业发展研究时，仍然沿用了农业发展的区位概念，以便比较分析不同区位中农业发展的自然、地理、经济、交通、空间、文化和社会等条件。

2. 农业比较优势与区域分工理论

比较优势理论融合了亚当·斯密的"绝对优势理论"和大卫·李嘉图的"相对优势理论"

等古典政治经济学家的理论思想,强调各个地区或国家在资源禀赋条件上存在差异。农业区域分工理论则在比较优势理论的基础上,主要从农业资源的区域分布、区域农业的功能和区域市场等角度出发,强调生产力"超优分布"规律作用下的地区生产专业化,主张按照比较优势来确定农业生产的区域分工,通过区际交换来实现专业化部门生产的农产品价值,并获得本区需要但不生产的农产品。

3.农业产业结构、传统农业改造与诱导技术创新理论

农业产业结构理论主要包括两方面的内容:一方面关注分析农业内部各产业经济活动之间的相互联系和比例关系;另一方面也关注农业与其他涉农产业的相互联系和比例关系。美国经济学家舒尔茨提出的改造传统农业理论将农业划分为传统农业、现代农业和过渡农业三种类型。舒尔茨认为,现代农业最根本的特征是不断将科学技术的最新成果应用于农业,以改进农业生产要素的配置,提高生产效率。诱导技术创新理论认为,现代农业中,农业生产率的增长取决于现代农业技术的不断进步,以便在投入数量规模不变的条件下实现产量的增长,促进现代农业的发展。

(二)基于社会主义理念的农业经济研究基本理论

与基于市场经济的农业经济研究理论不同的是,基于社会主义理念的农业经济研究理论建立在马克思主义政治经济学的基础之上,受到了追求社会公平的价值取向的强烈影响。大致可区分为三种类型。

1.经典的马克思主义农业经济理论

马克思和恩格斯关于农业经济的专门著作主要有马克思早年发表的《论土地国有化》和恩格斯撰写的《法德农民问题》。前者的基本主张包括实行土地国有制和农业生产计划论;后者主张无产阶级取得政权以后剥夺或赎买来的土地,不是交给私有意识强烈的农民,而是应该建立公有的农场,集中组织农业生产。

2.有中国特色的农业经济研究基本理论

改革开放以前,中国的农业经济研究理论带有强烈的意识色彩,基本上照搬斯大林模式的农业经济理论。改革开放以后,在市场化潮流的强烈冲击下,学术界尝试引进现代西方经济理论,并提出了有中国特色的农业经济理论。该理论试图将传统的基于社会主义理念的农业经济理论与现代西方经济理论结合起来,来解释如何在保留一定的公有制(集体所有制)经济的基础上,发展有中国特色的社会主义农业市场经济。但主要是在中国农业政策寻求理论解释过程中对引进的理论加以改造,具有较强的政策解释和政策研究倾向。

（三）基于可持续发展理念的农业经济研究基本理论

前面两类农业经济研究基本理论主要突出的是效率与公平的价值取向。在此基础上发展起来的农业经济理论进一步将视野扩大到了全人类的可持续发展的范围，从生态环境、多功能和发展中国家等角度提出了一些全新的主张。

1. 生态农业经济方面的基本理论

这方面的理论主张主要从生态环境的角度，对现代农业经济理论进行了修正。例如，一些学者提出了注重生态位、生态适宜性和环境承载力等主张，还有一些学者提出了循环农业、立体农业和复合农业经济的主张。这些主张的共同点都是强调资源的有限性、生态环境的脆弱性和经济增长的局限性，提倡节约资源、减少污染、节能减排的内涵式发展模式。

2. 农业多功能性理论

该理论主张，农业不仅具有经济功能，还具有生态、社会和文化等功能，带有公共物品的性质。该理论提出以后，得到了欧洲和其他希望抗衡新大陆农业的国家和学者的广泛支持。20世纪90年代初期，"农业的多功能"概念还被正式写入了联合国《21世纪议程》第14章"促进可持续的农业和农村发展"第4条中。此外，我国学者在都市农业经济研究中提出的生产、生态、生活一体化发展的所谓"三生农业"理念，应该也源于农业多功能性理论。

3. 发展经济学对农业经济研究的影响

虽然并不存在一个所谓"农业发展经济学理论"，但近年来发展经济学对农业经济等学科的影响也值得关注。最初，发展经济学以发展中国家的开发与发展为目标，简单套用了西方的经济理论和方法，研究发展中国家的经济增长与发展。以后，在不断发展和深化过程中，发展经济学不仅结合了人口学、社会学、人类学等其他学科的研究方法，而且将视野深入各个发展中国家的微观经济结构，关注诸多非理性因素对经济增长与发展的影响，强调各种不同的基本价值观的融合在经济增长与发展中的意义。发展经济学对农业经济的研究兼顾了非经济行为对微观经济乃至宏观经济的影响，强调社会结构变迁对经济增长和发展的拉动或阻碍作用，主要对发展中国家农业经济的发展与都市农业发展模式等研究有较大影响。

三、农业经济研究的基本方法

农业经济研究主要偏重于应用研究，研究方法与其他经济研究大同小异，需要经过选题、资料收集和选取适当的研究方法等环节。

（一）农业经济研究的选题

学术界对学术研究成果的基本要求是：第一，能够在科学理论和研究方法上提出新见解、新概念、新理论、新方法；第二，在拓宽本学科领域和推动本学科发展方面有一定贡献；第三，对社会、政治、经济、法律以及人文、社会科学具有一定的实践指导意义和推广应用价值，并且推广应用后可取得好的社会效益和经济效益。确定一个好的选题大致有以下几种方法。

1. 从自己比较熟悉的领域中选题

例如，可根据自身的工作实际，找出在工作中存在的问题，然后确定该问题是否具有研究价值，是否对自己今后的工作具有指导作用，而且有着可推广参考的价值。也可以对自己身边非常熟悉的事物多问几个为什么，从周围的世界中寻找构成特色的东西，选择其中最感兴趣的、与自身知识有联系的、研究条件比较充分的问题，将其转化为研究课题。

2. 通过文献整理发现问题

这一方法主要根据一定的研究目的或课题，通过收集和整理相关文献，了解涉及有关研究课题的历史、现状和事物的全貌，把握现阶段该领域的研究现状和研究热点，并结合自己的学术功底和研究积累，从中发现尚须研究的问题，形成自己的研究思路。

3. 通过实地调查提出问题

当对于想要研究的某个问题没有太多了解时，在文献调查的基础上，应尽可能地对所存在的问题直接进行调查观察。进行实地调查和观察，一方面可以获得对有关问题的感性知识，详细了解问题发生的地点、时间、环境、原因；另一方面还可以确定研究该问题所需要数据和资料的收集范围、收集途径和收集方法。

4. 通过分析既有的研究提出问题

通过研读别人的研究成果，也能从中获得很多启示，并有可能迸发创新和突破性思维。例如，不少研究成果会给出还需要进一步深化和拓展的方向，研究者可以从中找到最适合自己的研究切入点。在分析既有研究成果的过程中，如果敢于怀疑、善于怀疑，那么就有可能产生完全取代、完善原课题或在原课题基础上进一步深化和扩展的思路。此外，通过分析既有的研究成果，还可以尝试将其他领域的原理、经验、方法移植到自己的研究领域中来。

（二）农业经济研究的资料收集

关于农业经济研究所需的资料主要分为两大类：一类是反映研究对象本身情况的资料（包括既有的研究）；另一类是研究者根据自己提出的问题、假设、研究思路、研究框架和研究方法，收集和选取符合自己要求的资料。

1. 收集反映研究对象本身情况的资料

学术界对农业经济领域的大多数研究对象早已有不同程度的认识和研究，因此在资料收集阶段首先要关注这方面的资料，包括相关介绍。总结归纳既有的研究成果，特别是对既有研究成果的了解和收集非常重要。如果不了解前人对这方面已经研究到了什么程度，就很容易重复别人的劳动，或者不能真正站在前人的肩膀上将研究进一步推进。也有一些研究对象，学术界以往对其关注度不够，或者属于新产生的问题，或者是产生了一些新变化，这时就需要研究者从最基础的地方开始，全面收集反映研究对象本身情况的资料。在条件许可的情况下，最好能够去现场实地考察。即使是学术界已经有一定认识和研究的对象，最好也能去实地考察一下，很可能会发现被忽略的关键细节和变化。部分研究农业经济的学者只坐在书斋里"坐而论道"，导致很多农村基层工作者和群众常常嘲笑学者的研究不符合实际情况，讲出来的话"牛头不对马嘴"。这除了与他们的理解水平和知识结构局限有关以外，确实也反映了部分学者学风不踏实的情况。真正有水平的学者能够在全面了解实际情况后，结合自己扎实的理论功底和研究积累，用深入浅出的语言，让群众心服口服。

2. 收集符合自己研究要求的资料

当研究者在通过收集反映研究对象本身情况的资料，完全了解了研究对象的情况和学术界既有的研究程度，并提出了新的问题（视角）、假设、研究思路、研究框架和研究方法之后，就需要根据自己的研究要求，有针对性地收集和挖掘资料。通过阅读别人的研究成果，了解资料的范围和渠道，是收集这类资料的最初抓手。好的研究视角、全新的问题意识和新的研究方法是研究成果的灵魂，但最好的研究还是属于能够下大力气去收集、寻找和挖掘研究资料的成果。即在资料上胜过前人的研究才是真正有价值的研究。很多研究课题需要研究者花费大量精力、物力和时间来收集和整理资料，特别是从事农村经济实地调查的研究尤其如此。但实地调查不应该只是简单重复别人的劳动，必须有新意，并能真正符合研究者自己的研究要求。

（三）农业经济研究方法的应用

现代经济学的研究范式一般包括五个步骤，即界定经济环境（现状与特征），设定行为假设（锁定研究对象），给出制度安排（制定游戏规则），选择均衡结果（权衡取舍，选择结果），最后进行评估（结果验证）。农业经济作为一门应用经济学科，其研究方法偏重于实证，但这样的实证不是简单地证明是什么，还必须说明为什么，因此也需要相应的经济理论来支持。而且农业经济研究提出问题和假设的过程，也是理论推理的过程。一个好的研究成果,应该既有坚实的理论基础和严密的逻辑推理,又有扎实的实证分析。

1. 理论分析

所谓理论分析,就是运用适当的理论知识,说明研究对象内部和外部的结构、联系及变化等的各种逻辑关系。研究者在提出农业经济研究相关问题的时候,需要运用经济学理论和一般的逻辑判断来说明为什么这是一个需要研究的问题。研究者提出的假设,也需要根据经济学理论和一般的逻辑判断,设定相应的前提条件,并推导出结论。不少学者喜欢把理论分析称为定性分析,但实际上,理论分析后面隐含的是逻辑分析,而所有的逻辑分析都可以通过数学推导来抽象表达。农业经济研究常用的理论分析方法包括生产函数、需求函数、生产理论、价格理论、农业经营理论和宏观政策调控理论等。

2. 实证分析

农业经济学的实证分析主要是指根据理论分析提出的问题,以及从大量的经验事实中提炼出的某些具有典型性的前提假设,然后以科学的逻辑演绎方法推导出具有普遍意义的结论或规律,再将这些结论或规律拿到现实中进行检验的研究方法。实证分析主要回答科学研究中"是什么"以及说明农业经济活动的过程、后果和向什么方向变化发展。广义的实证研究方法泛指调查研究法、实地考察法、统计分析法和计量分析法等所有的经验型研究方法。狭义的实证研究方法专指统计和计量分析方法。狭义的实证研究方法又可细分为既定型方法和随机型方法。既定型方法主要是指运筹学上的各种各样的程式设计方法,农业经济研究中常用的既定型方法有线性规划、层次分析、包络分析和博弈分析等。随机型方法的特点是在每一个模型中都允许随机误差。农业经济研究中常用的随机型方法包括回归分析、最小平方法、时间序列分析和面板分析等。实际分析应注意精选指标,尽量搜集整理客观、灵敏、精确的定量指标。

第二节 农产品流通的研究调查方法

农产品流通包括农产品的收购、运输、储存、销售等一系列过程。这一过程也是将农产品的生产、收购、运输、储存、加工、包装、配送、分销、信息处理、市场反馈等功能有机整合和发挥以满足用户需求,并实现农产品价值增值的过程。农业经济对于农产品流通的研究既是从产业的角度将其看作整个产业链中的重要一环,又是从经营管理的角度,研究流通领域中的经营管理情况。

一、农产品流通研究概论

在理论研究方面,农产品流通理论从属于一般的市场流通理论,存在对现实中流通领域的现象和问题的解释力下降、理论导向功能弱化等问题。特别是随着互联网经济的兴起,许多传统流通模式受到了颠覆性的挑战。然而在流通研究领域,不管是从经济学还是从管理学的角度来看,理论认识都处于严重滞后状态。

(一)农产品流通研究的相关理论

在作为西方现代经济学主流的新古典经济学的分析框架中,已经把流通问题抽象掉了,但在主流经济学之外和在马克思主义经济学之中,流通经济学还保留了一席之地,农产品流通研究的相关理论就是在此基础上发展起来的。

1. 在非主流经济学理论中的流通经济学

虽然早在古典经济学理论中,重商主义就是一个具有较大影响的派别,但新古典经济学兴起以后,流通经济学就渐渐远离了主流经济学,开始形成独立的理论体系,或尝试与制度经济学等新兴理论相结合。

(1)古典经济学理论中的流通经济理论

早在现代经济学形成时期,流通经济理论就得到了高度关注。现代经济学鼻祖亚当·斯密在其代表作《国富论》中,将生产和交换联系起来,尤其强调市场交换对社会的作用,注重商品流通对经济增长的影响。古典经济学的重商主义更是以商业资本的活动作为考察对象,针对流通领域研究了从货币、商品再到货币的运动过程。该学派代表了早期商业资本的利益和要求,主张财富的直接源泉是流通领域,国际贸易是国家财富最重要的形成来源,并提出了通过国际贸易顺差积累金银来促进国家财富增长的思想。李嘉图提出的比较优势理论也引导后来的经济学发展更加重视国际贸易问题。

(2)作为独立理论体系的流通理论

20世纪70年代以后,一些西方营销学者主要从分销入手,对流通领域的经济问题展开了颇有深度的理论研究,逐渐形成了以"零售学"为代表的流通理论学派,成为完全独立于主流经济学之外的理论体系。

(3)流通理论与其他新兴理论的结合

很多学者提出了用新制度经济学、新兴古典经济学分析框架等研究流通问题,但还没有形成体系。新制度经济学尤其是委托代理理论和激励理论弥补了新古典经济学对企业组织问题研究的不足,但对经济发展、贸易和经济增长等宏观经济现象的研究相对较弱。新兴古典经济学主要关注"分工与交易费用之间两难冲突"的问题,形式化了很多新制度经济学理论。该理论基于"专业化与交易费用两难冲突",认为分工是经济进步的根源,而交易费用是限制分工的最大障碍,因此主张交易费用是限制经济进步的根源,如何降低交易费用是经济学研究的核心问题。此外,区域经济学与城市经济学把区域经济和城市经济的发展与流通业联系起来,将聚集经济原理用于对商业的分析,建立了空间相互作用、运输和区域间商品流通模型来研究城市内部和城市间的商品流通。产业组织理论主要通过对商贸流通业的内部治理及外部环境的研究,揭示商贸流通发生的机理。

2. 马克思主义的流通理论及其影响

马克思主义经济学是从理论范式的视角来研究流通理论,把流通作为社会再生产的一个环节,不仅研究了流通的功能,而且把商品流通和资本流通结合起来,揭示了商业资本整体运动的实质。但马克思主义主张社会主义不存在商品交换和流通。

(1)马克思主义的流通理论

马克思把商品流通定义为:"每个商品的形态变化系列所形成的循环,同其他商品的循环不可分割地交错在一起,这全部过程就表现为商品流通。"马克思经济学理论体系从总体上可概括为四大环节:生产、交换、消费、分配。在《资本论》第二卷中,马克思将资本主义生产过程纳入统一的流通过程中加以研究,从流通形式、流通作用、流通时间等方面建立了系统的商贸流通理论,阐明了市场经济条件下流通的一般规律和流通在社会资本循环与周转中的作用。马克思的商品流通理论至少在两点上是有现实意义的:第一,流通方式取决于生产方式,商品流通是商品生产方式或市场经济体制决定的唯一解。而且进入流通的商品包括消费品、生产资料,以及劳动力、资本、信息、技术等生产要素。第二,商品流通的两个前提条件是,必须有一个完善的产权制度及最基本的商业道德。

(2)社会主义理论与流通理论的结合

按照马克思主义的主张,生产资料的社会所有是未来共产主义社会经济的基本内容和根本特征,未来共产主义社会经济对生产实行合理的有计划的社会调节,在其低级阶段实行按劳分配,在其高级阶段实行按需分配。列宁和斯大林在社会主义实践中对马克思主义的主张进行了一定程度的调整,采用了保留商品货币关系的新经济政策,并通过实行两种公有制并存的方式,在社会主义经济中保留了商品生产与流通,但需要对商品生产进行限制,让其不断缩小直到最终消亡。我国在计划经济时期,基本上继承了社会主义流通理论的主张。20世纪70年代中期提出了社会主义计划经济与市场经济的结合,开始实行以计划经济为主、市场调节为辅的原则,将有计划的生产和流通作为国民经济的主体。同时允许部分产品的生产和流通由市场来调节。

（二）我国农产品流通的基本情况与问题

我国在计划经济时期，农产品流通处于绝对从属地位。改革开放以后，我国以粮食为重点的农产品流通体制改革逐步深入，社会逐渐全面向市场经济转型。20世纪90年代以来，我国的农产品流通变革进程明显加快，已初步形成以批发市场为代表、以市场为导向、以民间经营为基础、企业自主经营、政府适度调节的农产品流通体系。但农产品市场流通体系仍然不够完善，城乡之间的农产品市场差距比较明显。

1. 我国城市农产品流通状况

在我国大、中城市，"菜篮子工程"一直在农产品流通中起着非常特殊的作用。但是近年来，我国农产品流通总量呈现爆发性增长，农产品批发市场集团化发展趋势明显，农产品批发市场经销商的规模化、品牌化经营已现雏形，农产品电子商务快速发展，专业化的果蔬零售企业其连锁化发展趋势明显，农产品流通企业信息化管理水平提高，基础设施明显改善，农产品批发市场基础设施与管理手段日趋现代化。农产品物流基础设施改善，服务能力增强，连锁经营和电子商务三大现代流通业非常活跃。据有关部门统计，近年来我国连锁经营企业的门店数量和经营额保持年均50%的增长速度。特别是在加入WTO以后，各个跨国零售业巨头带着超市等各种先进的经营业态，纷纷抢占我国农产品零售市场。这些巨头在构建进货配送渠道、半成品加工、分级和规格化包装、销售技巧等方面都有很大优势，采用了先进的营销模式，品牌好、信誉高，而且经济实力雄厚。

2. 我国农村农产品流通状况

我国农村人口众多，但农民生活水平普遍较低，对食品的需求还停留在数量上，一大部分乡村居民组成了低端食品市场的消费主体。与城市市场相比，农村地区粮食生产的商品性很低，肉食品消费一半左右为自给自足。农村市场流通渠道不健全，销售网点规模小且分散，不能形成一定的规模经济。农村相对闭塞的交通环境，阻碍了加工食品进入农村，农民即使有购买高质量农产品的意愿，也没办法在市场上买到，自己生产的物品也无法流通出去。乡村居民大多以土地为生，初级食品基本上能实现自给自足，农村的集贸市场是农民交换商品的主要地点，一些直接收获的或经过农民自己加工的食品是农贸市场的主要商品。但近年来，农村的食品供应出现了新的渠道，随着市场的加速发展，经营者之间的竞争日益激烈，不少商家开始在服务上动脑筋、下功夫，生产厂家和批发商送货上门、送货下乡成为农村零售商进货的主要渠道，这在一定程度上扩大了农村市场的食品种类，丰富了农村居民的饮食生活，但也给农村食品安全带来了更多的隐患。

二、研究农产品物流情况的调查方法

农产品物流包括农产品生产、收购、运输、储存、装卸、搬运、包装、配送、流通加工、分销、信息活动等一系列环节。因为农产品物流涉及的环节多且分散，相关的调查研究多种多样，内容丰富多彩。由于主流经济学将流通作为既定的外部市场条件，因此对农产品物流的调查研究主要集中在管理学的诸多领域，特别是从供应链管理的角度对农产品物流的调查研究成果比较丰富。

（一）确定调查目的和内容

我国农产品流通以批发零售方式为主，物流主体包括农户、贩销户、农民合作组织、加工企业、各种性质的中间商、各种类型的零售终端和消费者。物流通道大致包括农户、产地批发商、销地批发商、零售终端等多种形式。农产品物流过程中存在包装难、装卸难、运输难、仓储难的问题。特别是农产品的季节性，要求物流的及时性，为保证安全要求实施绿色物流。而且粮食、水产品、牛奶和禽蛋肉类农产品需要特殊的物流方式。对农产品物流情况调查可以是为政府的宏观管理服务，也可以是为企业经营管理提供参考，还可以是为了纯学术的研究目的。调查内容可以是调查整个物流系统的运行情况与绩效，也可以是调查其中某方面或某个环节的情况，还可以是调查各个物流主体之间的关系等。

（二）选择合适的调查方法

对整个农产品物流系统的运行情况、绩效及各个物流主体之间的相互关系的调查牵涉面很广，如果没有比较充分的资金支持和较大规模的团队合作，就应该尽量缩小调查区域，在一个比较容易把握的区域里"解剖麻雀"。调查方法最好综合采用文献调查、问卷访谈、座谈和观察等方法。如果只调查农产品物流体系中某方面或某个环节的情况，则可以采用统计数据加抽样调查的方法。但需要注意的是，我国农产品物流主体较多，物流量大面广、通道复杂，统计数据加抽样调查的方法很难深刻把握影响农产品物流效率区域差异及变化趋势的各种因素，因此最好能针对不同区域、不同主体和不同通道等增加一些个案调查和典型调查。

第三节 农村金融的研究调查方法

金融是货币流通和信用活动以及与之相联系的经济活动的总称。广义的金融泛指一切与信用货币的发行、保管、兑换、结算、融通有关的经济活动,甚至包括金银的买卖;狭义的金融专指信用货币的融通。金融业主要包括银行业、保险业、信托业、证券业和租赁业。农村金融主要是指农村地区的货币流通与信用活动。

一、农村金融研究概论

农村金融是农业经济专业的研究对象之一,研究我国农村金融各种相关课题的调查活动,只有在农村金融研究相关理论指导下,在系统了解农村金融的基本情况与特点的基础上,才能确定适当的研究对象、研究目标、研究框架和研究方法。

(一)农村金融研究的相关理论

1. 农村金融的现代金融理论基础

金融学是一门研究金融领域各要素及其基本关系与运行规律的经济科学。农村金融作为现代金融不可分割的组成部分,其理论基础来自现代金融理论,特别是在发展中国家的农村地区等金融抑制最为严重的地方,金融约束、金融深化和金融发展相关理论对优化农村金融资源配置有重要的指导意义。

(1)现代金融理论源流

直到 20 世纪初,金融学一直被西方学术界视为经济学的一个分支,金融学主要关注纯货币理论问题。20 世纪 20 年代末期到 30 年代初期的世界经济危机从根本上改变了货币金融理论在整个经济理论体系中的地位,凯恩斯等学者在注重货币的价值贮藏功能的基础上,将流动性偏好理论和就业、收入理论结合起来,阐明了货币对经济增长的重要性。20 世纪中期,格利、肖和帕特里克等人陆续发表了一系列著作,专门阐述金融发展和经济发展两者之间的关系,为现代金融理论奠定了良好的基础。此后,戈德史密斯进一步提出了 8 个定量指标,并选用 35 个国家百余年的历史数据,客观验证了早期的金融发展理论,为金融与经济关系的研究奠定了实证研究的基础。

(2)金融约束理论

按照古典经济学的传统观点,政府对金融市场价格和数量的控制会扭曲资源配置,阻碍经济增长。20世纪40年代中期以来,东亚和东南亚的一些国家尽管或多或少都存在金融抑制现象,但经济得到了飞速的发展。政府通过实施限制存贷款利率、控制银行业进入等约束性金融政策,可以带来比自由放任政策和金融压抑政策下更有效率的信贷配置和金融深化,对发展中国家维护金融机构的安全经营、保证金融体系的稳定、推动金融业发展的进程极为重要。金融约束的主要政策有利率控制和资产替代等,其中利率控制是核心。"金融约束论"的核心观点是:提供宏观经济环境稳定、通货膨胀率较低并且可以预测的前提,由存款监管、市场准入限制等组成的一整套金融约束政策可以促进经济增长。

(3) 金融深化理论

随着对金融功能相关理论探讨的不断深入,学术界对于金融功能的认识不断深化。针对发展中国家普遍存在的金融压制现象,美国经济学家肖和麦金农都认为,外国资金对发展中国家的经济增长固然重要,但国内储蓄的动员是一个更应引起注意的因素。金融压制不利于货币积累,只有消除金融压制,推行金融自由化或金融深化政策,放松管制之后提高利率水平,才有利于增加储蓄和投资,抑制通货膨胀,实现金融和经济的良性循环,促进经济增长。金融深化政策的具体内容是:政府放弃对金融市场和金融体系的过度干预,放松对利率和汇率的严格管制,使利率和汇率成为反映资金供求和外汇供求关系变化的信号。

(4) 金融发展相关理论

早期的金融理论偏重于宏观视角下的金融经济发展问题,没有充分考虑经济系统的复杂性和金融经济相互作用的繁杂逻辑,因此后来的学者们不断尝试突破现代金融理论的严格前提假设,进一步关注更加微观层面的问题,对不同经济条件下的金融发展模式提出了大量新的理论解释。例如以美国经济学家约瑟夫·斯蒂格利茨为代表的学者充分考察了信息不对称、不完全竞争等多种因素的宏观经济增长模型,以内生经济增长模型为支撑,研究金融发展与经济增长的相互机理。一些学者证明了金融中介、金融市场和收入的关系。莱文通过收集大量数据,在模型中引入了法律环境、人均收入和受教育状况,实证分析了金融与经济的相互关系。斯达的研究结果表明,随着各种金融资金积累,充分发达的金融市场可以使融资成本降低,吸引资金流入经济部门,促进经济增长。

二、研究农村金融供给的调查方法

(一) 对农村正规金融机构的相关研究

我国农村正规金融供给的主体包括国有控股商业性银行、普通商业性银行、国家政策性金融机构和合作金融机构。对这些金融机构的调查需要注意以下方法。

1. 确定调查目的和内容

研究农村正规金融机构的金融供给，是研究这些机构作为提供各种金融产品和服务的企业的经营状况，主要包括研究其经营现状、运营机制、绩效管理、风险管理、治理结构、制度创新和企业文化等方面的情况以及目前存在的主要问题。调查工作必须根据这些不同的研究范围，确定相应的研究目的和研究内容。例如，如果打算研究其经营现状，调查目的应以了解总体参数为主，调查工作必须保证所获得的信息能够全面反映该机构的运营情况，需要涉及各方面的内容。如果是研究其绩效管理，调查目的应以了解绩效与影响因素之间的相互关系为主；调查工作的重点就应该了解该机构的财务状况，以及该机构在增收节支方面的管理情况；调查内容应主要包括该企业财务资料的收集、信息的完整性和准确性判断、各种收入来源及管理情况、各种成本的发生和控制情况等。

2. 选择合适的调查方法

调查农村正规金融机构提供各种金融产品和服务的情况，一般可采取文献调查、问卷调查、现场考察和访谈调查等相结合的方法。其中文献调查主要收集包括国内外相关行业和当地同行业其他机构的相关文献资料作为比较，收集政府及行业协会的相关文件作为经营背景参考资料，收集企业自身的工作总结、规章、制度、标准、规范等文件和相关财务报表等作为反映该机构基本情况的依据。问卷调查主要根据研究需要，收集该机构的各种基础数据，特别是多数机构不愿提供相关的文献资料，因此问卷调查获得的基础数据就更加重要。现场观察可以增加调查人员对该机构的直观了解，并验证各种文献和问卷等资料反映的情况。访谈调查主要针对难以通过文献调查和问卷调查了解的问题，特别是有关机制、治理结构、制度创新和其他深度调查。研究正规金融机构的绩效管理，一般还需要比较客观公正的绩效评价体系，即给出每个指标的内涵、量化标准和权重。

（二）对农村非正规金融的相关研究

1. 确定调查目的和内容

我国农村非正规金融供给主体形式多样，很不规范，与研究正规金融机构的供给差异很大。对这一领域的研究主要集中研究其基本情况、金融供给方式、市场发展情况、风险控制情况、对社会的影响和目前存在的主要问题。调查工作必须根据这些不同的研究范围，确定相应的研究目的和研究内容。例如，如果是研究其金融供给方式，调查目的也是了解总体参数，需要将调查工作的重点放在了解该非正规金融供给主体如何将自己的金融产品和服务提供给自己的用户。调查内容包括了解其金融产品和服务的相关信息、具体的供给方式,以及支撑这样的供给方式的社会条件、控制方式和保障措施等。如果是研究其风险控制情况,调查目的应以了解风险与控制方式之间的相互关系为主,需要将调查工作的重点放在了解该非正规金融供给主体的风险控制效果方面。调查内容包括风险的种类、程度和范围,控制风险的方法和效果,以及支撑风险控制的社会条件等。

2. 选择合适的调查方法

调查农村非正规金融主体提供各种金融产品和服务的情况难度较大,因为多数农村非正规金融主体不符合现行体制要求,有的甚至带有一定的暴力组织的背景,所以不太愿意让外界了解其内部情况,因此有的时候不能直接调查,而须采取迂回调查或外围调查的办法。可以访谈其用户或者其他知情者,还可以走访当地相关管理部门、公安部门或法院等,也可以通过当地正规金融机构了解情况。还可以在当地居民中进行一定范围的问卷调查和访谈,间接了解非正规金融的范围和影响。

(三) 对相关金融政策的研究

我国的农村金融政策,主要包括政府直接针对正规金融机构和非正规金融主体制定的各种扶持或限制政策、政府的其他政策对农村正规金融机构和非正规金融主体产生的影响,以及政府给予农村正规金融机构和非正规金融主体的财政扶持。对这些政策的调查需要注意以下方法。

1. 确定调查目的和内容

研究我国农村金融政策,主要是研究这些政策本身的目的、制定过程、政策思路和适用范围,研究这些政策在农村金融中的实际实施情况,研究这些政策对农村正规金融机构、非正规金融主体、农户和农村社会等产生的影响。调查工作必须根据这些不同的研究范围,确定相应的研究目的和研究内容。例如,如果研究政策本身,调查目的是了解总体参数,以及了解这些政策是如何制定的。调查内容应该围绕政策制定者和政策出台的大环境和小环境。如果是研究政策的实际执行情况,就需要去基层农村,从政府部门、农村正规金融机构、非正规金融主体到农户,逐级对政策的实际执行情况进行追踪调查。

2. 选择合适的调查方法

如果调查以了解农村金融政策如何制定为目的,最好的办法是在通过文献调查了解政策出台的大环境和小环境以后,直接对政策制定者进行访谈调查。如果是了解政策的实际执行情况,最好的办法是逐级对政策的实际执行情况进行追踪调查,可以采用现场观察、访谈与问卷调查结合的方法,在条件许可的情况下,可通过量化分析进行绩效评价。如果想了解政策的影响,在有条件的地方,可结合政府的政策试点工作开展调查。在不能参与试点工作的地方，可在当地农村一定范围内分别向正规金融机构、非正式金融主体和农户进行问卷调查的基础上，有选择地开展一些访谈调查。此外，在有条件的地方，将学术研究与相关政府部门的试点工作结合起来，可以进一步验证研究结论。

第四节 农业宏观经济管理与财政的调查方法

农业宏观经济管理主要包括政府以保护农业、提高农民收入、提高农业生产率、满足社会对农产品品质与数量的需求、培育农业市场机制、稳定农产品市场、保护农业资源和改善生态环境为目的，运用经济、法律和必要的行政手段，对农业资源的配置从宏观层次上所进行的调节和控制。财政支农属于农业宏观管理的一个组成部分，因为现阶段财政支农在我国农业经济发展中具有特殊的重要地位。

一、农业宏观经济管理理论

20世纪40年代中期以后产生的社会主义阵营在马克思主义理论指导下，建立了以公有制和计划经济为核心的社会主义制度体系，由政府全面控制社会经济活动。但随着社会主义阵营的解体，各国都在纷纷开展经济市场化的各种改革探索。在资本主义阵营里，新自由主义经济学一直居于主流地位，在农业经济研究领域里，宏观经济管理在经济理论上一度受到了较大排斥。这里主要介绍主流经济学、发展经济学和有中国特色社会主义市场经济的农业宏观经济管理理论。

（一）主流经济学的农业宏观经济管理理论

农业经济研究领域受新自由主义经济学的影响较大。例如，在西方国家影响较大的学术著作《农业经济发展学》的作者美国约翰·梅尔认为，在市场机制已较为完善的国家，政府对农业不切实际的干预很可能付出高昂的代价。但主流经济理论无法对西方国家政府在农业领域长期采取次优政策提供令人满意的解释，于是一些学者便将经济理性扩展到政策决策的政治过程中，认为政治因素是政府实施无经济效率政策的重要原因。例如用集体行动逻辑理论，将农业保护理解为搭便车的合理现象。从供给成本和阻力变小而需求量变大的角度，认为均衡政策更多地取决于政策需求方的压力行动。从诱导创新理论的角度指出，一个国家获得农业生产率和产出迅速增长的能力，取决于在各种途径中进行有效选择的能力。如果不能选择一条可以有效消除资源制约的途径，就会抑制农业发展和经济发展的进程。而私营部门的诱导创新、公共部门的诱导创新和制度创新是一个社会可以选择农业技术变革的三种最优途径。

(二) 发展经济学的农业宏观经济管理理论

发展经济学关于发展中国家农业宏观经济管理理论的认识经历了一个逐渐变化的过程。在20世纪50年代,大多数发展经济学家主要从比较效益的角度来认识农业的地位和作用,强调政府支持工业发展,把农业资源尽快转移到非农业部门。英国经济学家刘易斯提出的二元经济发展理论,也主张政府的主要任务是动员剩余劳动力,并将剩余劳动力所产生的隐蔽性储蓄转化为发展工业的资金,使整个经济由农业向工业转化。从20世纪60年代开始,发展经济学家逐渐认识到了农业在工业化进程中的重要性。美国经济学家拉尼斯和费景汉对刘易斯的二元经济模型进行了改进,他们认为因农业生产率提高而出现农业剩余是农业劳动力流入工业部门的先决条件,因此主张政府应促进农业与工业的平衡增长。舒尔茨则认为,传统农业是一种特有的经济均衡,其生产要素的配置是相当有效的。但要使发展中国家农业得以较快增长,需要政府向科学研究和农业教育等非营利机构投资,提供基础设施的建设,给农民以足够的经济上的刺激,并特别重视对农民的人力资本投资,以便为农民提供新的更有生产性的高收益生产要素及所需的知识和技能。在20世纪70年代,发展经济学家将农业的发展提升到了国民经济发展的先决条件的认识高度。20世纪80年代以来,发展经济学的研究重点转移到了宏观经济改革方面,对农业宏观经济管理的研究主要集中在粮食政策、粮食保障、收入创造和农业生态保护等方面。

(三) 有中国特色社会主义市场经济的农业宏观经济管理理论

改革开放以前,我国长期沿袭其他国家模式,习惯于把社会主义农业经济管理理论的主要内容概括为"社会主义农业经济学"和"社会主义农业企业经营管理学",研究部门经济的称为"经济学",研究企业经济的称为"管理学"。农业宏观经济管理大致相当于农业部门的政府管理。改革开放以后,我国开始探索具有中国特色的社会主义市场经济的发展道路,逐渐吸收了一些发展经济学的农业宏观经济管理理论,但仍然保留了部分计划经济的管理思路。市场经济体制下国家对农业宏观调控的必要性在于,市场经济并不是万能的,它也有其弱点和消极的一面,发展社会主义市场经济不仅不排斥国家的宏观调控,而且还要求更有效地进行宏观管理和控制。农业是国民经济的基础,农产品是人类生存的第一需要。农业作为一种自然再生产与经济再生产相互交织的社会再生产过程,尤其需要国家对之进行适时有力的宏观调控。但应该遵循公平与效率相兼、间接调控和政企分离的原则。宏观调控的目标包括实现总量平衡和结构平衡，实现农民收入水平的不断提高，实现资源的最佳配置以及实现市场的有序化、规范化运行。

二、相关调查方法

农业宏观经济管理在经济学意义上主要指政府为促进农业发展制定的宏观经济政策，同时也包括食品安全监管等维护市场正常秩序的制度安排和管理活动。前者重点关注经济效益，后者重点关注社会效益，二者所适用的调查办法也有所不同。

（一）关于农业宏观调控的相关调查

农业宏观经济管理是运用经济、法律和必要的行政手段，对农业资源的配置从宏观层次上所进行的调节和控制，内容有很多，对农业宏观管理的调查需要强调以下步骤。

1. 确定调查目的和内容

调查农业宏观管理情况，主要是为政府部门的宏观管理决策提供参考。研究农业宏观管理，主要包括研究农业经济效益的宏观管理、农产品供需平衡的宏观管理、农业结构与布局的宏观管理、农业劳动力与科技教育的宏观管理、农业自然资源与环境的宏观管理、农业投资的宏观管理以及农业贸易的宏观管理。调查工作必须根据这些不同的研究范围，确定相应的研究目的和研究内容。虽然涉及的领域属于宏观经济管理，但调查以微观层面的资料和数据为主。例如，如果是研究农业经济绩效的宏观管理，调查工作就要确定农业经济绩效的评价体系，必须保证所获得的信息能够计算评价指标。如果是研究农产品供需平衡的宏观管理，调查工作的重点就应该了解农产品供求矛盾，以及供给大于需求、供给短缺情况下的宏观管理。

2. 选择合适的调查办法

调查农业经济效益的宏观管理情况，一般可采取文献调查、问卷调查、现场考察和访谈调查相结合的方法。其中文献调查主要收集包括国内外对农业经济效益评价的相关文献资料作为比较，收集政府相关文件作为背景参考资料。开展这一研究应该对调控对象以及各种宏观调控手段的背景、思路、内容和各种相关比较进行全方面了解，因此需要进行大量艰苦的文献调查工作。问卷调查主要根据研究的需要，收集该机构的各种基础数据，特别是多数机构不愿提供相关的文献资料，因此问卷调查获得的基础数据就更加重要。现场考察可以增加调查人员对经济绩效的直观了解，补充相关准备知识，并验证各种文献和问卷等资料反映的情况。访谈调查主要针对难以通过文献调查和问卷调查了解的问题，特别是有关机制、治理结构、制度创新和其他深度调查。也可通过座谈来征求不同研究者和不同部门的意见。此外，对政府而言，在重要的宏观调控全面推出之前，一般还需要开展小范围的试验，以验证调控效果，并为全面推行积累经验。

（二）关于食品安全监管的相关调查

食品安全监管的目的主要是保证消费者的权益和社会稳定，调查方法更接近社会学和制度经济学的方法。对食品安全监管的调查需要注重以下步骤。

1. 确定调查目的和内容

食品安全监管的情况调查，也主要是为政府相关部门的决策提供参考，或者纯粹从学术的角度来把握食品安全监管的经济学含义。食品安全监管大致可区分为立法和执法两个环节。主要工作包括食品安全监测、食品安全认证和其他常规性的管理与服务。对我国食品安全监管情况的调查，需要了解我国食品安全监管制度框架、食品安全监管的运作情况和绩效、食品安全监管中的法律问题以及我国食品安全监管存在的主要问题等。

2. 选择合适的调查方法

食品安全监管需要采用文献调查法来查阅国内外食品安全领域的文献，了解食品安全监管的法律规定、制度框架和监管思路，并获取食品安全监管的运作情况和绩效的数据资料。但食品安全监管绩效主要是保证消费者的权益和社会稳定，难以进行量化分析，建议构建比较符合实际情况的评价体系，然后借助德尔菲法等专家评分法或对消费者进行问卷调查等方法进行评价。由于各地食品安全监管的实际运行情况差异较大，因此也可采用案例分析法，选用与研究课题相关的典型案例进行分析研究，从中找出研究对象产生、发展、变化的规律，并对食品安全监管运行中存在的问题及原因进行分析，提出相应的对策。

第三章 农业经济发展宏观调控

第一节 农业宏观调控的地位与作用

一、农业宏观调控的概念与理论基础

（一）农业宏观调控的概念

从一般意义上说，宏观调控是指在市场经济条件下，以中央政府为主的国家各级政府，为实现经济总量和结构的平衡，保证整个国民经济持续、快速、健康地发展并取得较好的宏观效益，从宏观经济运行的全局出发，运用经济、法律、行政等手段，对国民经济需要和供给总量、结构等进行管理、调节和控制的一种管理方式。在这一概念中，以中央政府为主的国家各级政府是宏观调控的主体；国民经济需求和供给总量、结构等国民经济总量是宏观调控的客体；实现经济总量和结构平衡，保证整个国民经济持续、快速、健康地发展并取得较好的宏观效益，是宏观调控的目的；从宏观经济运行的全局出发是宏观调控的立足点与出发点；宏观调控所采取的主要手段是经济、法律、行政手段。

如果宏观调控的对象是农业经济运行总体，那就是农业宏观调控。农业宏观调控主要解决农业本身的发展以及农业与国民经济其他部门之间的关系问题。农业宏观调控是一般意义上的宏观调控在农业部门和领域中的特殊体现。因此，农业宏观调控是以政府为主体，着眼于经济运行的全局，运用经济、法律和必要的行政手段，从宏观层次上对农业资源的配置进行调节与控制，以促使农业经济总量均衡、结构优化、要素合理流动，保证农业持续、稳定、协调地发展。实质上，农业宏观调控是一种市场经济条件下的政府农业行为，是政府干预农业的一种表现形式。

（二）农业宏观调控的理论依据

1. 农业的外部性

所谓外部性，是指某种经济活动能使他人得到附带利益或使他人受到损害，而受益人或受害者无须付出相应的报酬或无法得到赔偿的现象。农业的外部性有正有负，涉及许多

方面。农业的发展在给农业投资者和农产品购买者带来利益的同时，还给全社会包括非农经济部门带来好处。因为只有农业这个第一生产部门，才能将自然界的各种资源转化为人类生命之能源，也才能形成人类物质财富和文明积累的起点。合理的农业生产体系可以带来宜人的生态环境，使资源得到持续的利用，带来其他产业所不具备的社会效益。农产品是人们的生活必需品，对其需求具有较强的刚性。如果农产品供给波动超过某一临界点，就会引起巨大的社会震荡，因而农业还具有社会稳定作用。这就是说，农业具有正的外部效应。农业的这些正的外部效应，难以使农业生产者获得相应的报酬。如果将农业生产者看作市场经济条件下的自主决策者，则当他的个别收益小于社会收益时，他不必为那些不能得到的收益而扩大其生产量。这对农业生产者来说，虽然是一种明智的选择，但影响经济、社会与环境的可持续发展。如果任凭农业生产者根据市场的信号来安排农业生产，就可能给社会带来负的外部效应。如由于随着经济的快速发展，土地价格大幅度上涨，农地大量流失，农业生产失掉充足的物质条件；森林的过度砍伐、草原的过量载畜、荒地的不适当开垦、畜禽的大规模集约养殖等都会造成严重的水土流失、土壤沙化、水体污染、洪水泛滥等一系列环境恶化的后果，这就产生了负的外部效应。对于这些负的外部效应，农业生产者并未承担其损失，市场机制在这些方面失灵了。

2. 农业的公共产品性

所谓公共产品，是指具有非排他性和非竞争性的产品。所谓非排他性，是指即使某一经济主体没有支付相应的费用，也无法将他排除在这一产品的消费之外；所谓非竞争性，则是指公共产品所具有的不会因某一主体的消费而减少其他主体对这一产品的消费量的特性。首先，由于公共物品具有非排他性，因此它们不能通过市场供给。这是因为，既然不支付报酬也能消费，那么便不可能有人愿意自发地支付报酬。而对于无法获得报酬的产品，作为经济主体的企业是绝对不可能生产的。其次，由于公共物品所具有的非竞争性，它们也不宜通过市场来供给。这主要是由于，既然这种产品一旦被供给，任何追加的消费都不会使其他人的消费量下降，那么从社会的角度看，完全可以使更多的人普遍地消费这种产品。而如果这种产品通过市场供给，对它的消费必须支付报酬，那么无疑就会将相当一部分人排除在它的消费者以外。因此，由于所具有的非排他性和非竞争性，公共物品不能由市场供给，它必须由政府供给。农业中的许多基础设施具有公共物品的性质，如农业教育、农业科研、水库、堤坝、道路、防护林带、气象站等，不仅有利于农业，而且给人民生活和其他产业也会带来许多外部效益，所以需要以政府解决为主。

3. 农业的弱质性

在与其他产业的竞争中，农业处于相对不利的地位。随着经济的发展，城市和非农产业的用地不断增加,地价不断上涨,土地利用非农产业的报酬远远高于农业,使农地的流失不断增加;由于农业的比较利益低下,使得农业中的资金和较高素质的劳动力流向非农产业,造成农业的资金短缺和高素质劳动力的缺乏,农业发展后劲不足;相对新兴的非农产业来说,农业科研的周期长,技术进步相对缓慢,农业剩余劳动力的转移又相对滞后于非农产业产值份额的提高,使得农业的劳动生产率比较低;农产品的需求弹性小,恩格尔定律的作用、农产品不耐储运等特点,使得农业的贸易条件相对不利。因此,农业具有天生的弱质性。

4. 农业的不稳定性

首先,由于农业生产是自然再生产与经济再生产交织的过程,使得农业受自然因素的影响很大,而自然条件是变化无常的,因此农业生产也相对不稳定。农业生产本身具有周期性,并且生产周期长,生产不易调整,也会导致农业的波动。其次,由于宏观经济环境的变化或不景气,对农业造成冲击。如加入世界贸易组织后,农产品贸易趋于自由化,国内农业受到国际市场的冲击而出现较大的波动;经济不景气时,劳动力市场受到冲击,农业剩余劳动力转移困难,农民收入减少;而在经济景气时,又出现大量劳动力涌向非农产业,由于比较利益的驱使可能会出现撂荒现象。再次,由于土地等自然条件的限制和动植物本身生物学特性的制约,使得农产品的短期供给弹性比较小,但人们对农产品的需求呈现刚性,价格对供给量的反应非常敏感;同时,农产品的需求弹性更小,难以实现农产品市场均衡。当某些因素造成价格和产量一定程度的波动时,会产生蛛网效应。最后,农产品价格与供给间的互动关系还受动植物生理机能的影响,由于生产周期较长,人们对市场价格的反应又具有滞后性,市场的自行调节难以使农产品供给及时追随市场价格的变化,会造成农产品短缺和过剩的效应放大,使得农业和生产产生更大的波动性。

尤其是在 WTO 框架下,营造健全的农业宏观调控环境,弥补我国农业的弱质性和外部性,增强我国农业综合实力和国际竞争力,是一个十分迫切、亟待解决的问题。

二、农业宏观调控的地位与作用

(一)农业宏观调控的地位

农业宏观调控的地位主要是指在宏观经济运行中农业宏观调控所处的地位。确立社会主义市场经济体制就是要使市场对资源配置起基础性作用,实现资源配置的优化。但是市场并不是万能的,需要政府从宏观上进行正确的调控,从理论上讲,这是由市场机制的缺陷与农业本身的产业特征决定的。农业宏观调控是国民经济宏观调控中最基本的调控,或者说，农业宏观调控是国民经济宏观调控的基础。

（二）农业宏观调控的作用

1. 有利于促使农产品在市场上的供给和需求大体平衡

实践证明，发展农业生产，保证农产品特别是粮食的有效供给是实现国民经济高增长、低通货膨胀的重要基础。农产品尤其是粮食的充分供应，对稳定物价总水平、保持良好的宏观经济形势有着重要的支撑作用。

政府对农业宏观调控主要是通过以下两方面的措施来实现的：①不断加大财政支出，加大农业基本设施建设的力度，建设旱涝保收、稳产高产农田，降低不良自然条件对粮食生产的影响力，力求最大限度地减小粮食产量的波动幅度。②健全国有粮食储备体系，增加粮食储备，不断提高应对粮食波动期对宏观经济形势产生负面影响的能力。

2. 有利于增加农民收入，提高农村消费能力

我国人口中，农民占主体，农民收入水平在很大程度上影响着整个国民经济运行的质量和速度。据有关方面的专家分析和测算，农村居民收入每增加一个百分点，农村消费品零售额增 1.1 个百分点。农民收入的增加，对国内市场的发展和提高农村消费能力都至关重要。由此可见，对农业实施有效的宏观调控，是发展农业生产、增加农民收入、开拓农村市场、扩大内需的重要途径之一。

3. 有利于优化农业产业结构，进而优化农村产业结构

涉农部门经济结构以及整个国民经济结构的调整和优化，有赖于农业经济结构的调整和优化。这是因为，随着农业产业化进程的发展，必将促进农村其他产业经济的发展，同时，农业也是农村建筑业、采掘业、工业以及其他服务业发展的基础，实施农业宏观调控就可提升产业和农产品结构层次，从而为农村剩余劳动力转移，发展第二、三产业创造有利条件。农业宏观调控将使大农业结构发生较大的变化，比如在保证粮食等植物性农产品供给的同时，通过农、科、教一体化等形式，促进了畜牧业、林业和渔业的发展；通过调整经济政策，加快了乡镇企业发展的进程，促进了加工业、运输业、服务业的发展，从而优化了农村产业结构。

4. 有利于加强农业基础设施建设，改善农业生产环境，促进农业的可持续发展

农业宏观调控的重要手段是加速农业基础设施的财政投入，这是改善农业生产环境，促进农业可持续发展的重要保证。比如"退耕还林""退耕还牧""退耕还湖"等农业宏观调控措施的实施，防护林工程、大江大河大湖的治理以及对妨碍环境保持良好状态的工业发展（比如造纸业、冶炼业、采掘业等）的规划和调控等，都有力地调整了粮食生产与

其他各产业之间的关系，营造了良好的生态环境，为农业可持续发展创造了有利条件。

三、农业宏观调控的必要性

（一）农业市场功能缺陷

市场机制对农产品和服务可以起到自发性调节作用，而除此以外的经济活动不能起到调节作用。有些经济活动的当事人不付任何代价便可以得到来自外部的经济好处，有些经济活动的当事人又可能遭受来自市场以外的经济主体活动带来的损失，并不能得到相应的补偿，这些情况都不可能通过市场交换表现出来。同时，由于追求利润最大化，可能造成部分农产品过剩或紧缺的现象，特别是对于农业公共物品的供给，可能因回收期长而造成市场回避，造成经济效益、生态效益和社会效益的不统一，使市场机制难以发挥调节作用。

（二）农业市场竞争失灵

竞争是市场经济的核心，但是在市场竞争中，由于价值规律的作用，过度的竞争反过来导致垄断，过分的垄断又会破坏市场机制的作用，排斥竞争，造成效率下降和经济损失。宏观调控的作用就是打破垄断、支持发展。

（三）农民收入分配不公

造成农民收入不公主要有三方面的原因：一是由于历史的原因、政策的原因、工作的原因，所造成的区域性发展的不平衡，使得农民收入分配不公；二是由于自然资源分布、自然环境变化等社会性原因造成土地、水资源的重新分配造成农民分配不公；三是由于市场原因，比如市场价格的不稳定，可能造成部分农民收入的不稳定，甚至减少收入。因为农产品生产周期长，当发现价格下降时，农民已经无法挽回相应的经济损失。在市场运作时，往往会由于市场的自发调节，而偏离"平等、公平、公正和等价交换"原则。市场本身不能保证农业与非农产业之间的收入公平，这一社会问题必须通过政府行为加以协调。因此，必须把收入的公平分配纳入政府的政策行为。

（四）市场调节的盲目性

在市场活动过程中，从市场信息反馈、价格形成到产品设计、生产销售都存在一定的时间差，所以市场调节是一种事后的调节。同时，这种调节又是由市场主体根据自身获得的信息和自身的利益做出的对策，难免会带来一定的局限性、盲目性和被动性，特别是对生产周期较长的农产品表现尤为明显。市场的自我调节往往是瞬间完成的，产品的生产则

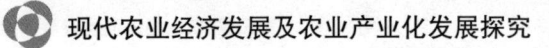

是一个较长的过程，使得市场主体在市场中处于被动地位，而市场的未来发展又往往难以捉摸，所以市场主体的市场行为的局限性和盲目性在所难免。

市场在这些方面的缺陷或者叫局限性，使政府非常有必要对农业实施宏观调控。

第二节 农业宏观调控的对象和任务

一、农业宏观调控的对象与特征

（一）农业宏观调控的对象

1. 农业市场是农业宏观调控的直接对象

在社会主义市场经济条件下，政府以市场为中介，引导和协调农业生产经营，使农业生产经营者的微观经济活动符合党和国家制定的农村经济发展战略目标的要求，所以农业市场的繁荣，在整个宏观调控发展中发挥着极其重要的作用。因此，农业市场是农业宏观调控的直接对象，政府对农业进行宏观调控是在主要保证市场机制按照其内在运行规律运行的基础上，通过经济杠杆或经济参数来调节农业市场，即政府向农业市场输入保证农业经济发展战略目标实现的经济参数，使其在市场运行中发生内部机理的转换，最终输出符合农业宏观调控要求的市场信号来达到对农产品生产经营决策引导的目的。而农业市场通过经济规律的作用，自发调节市场供给和需求，也就是调节生产者和经营者之间的利益关系。

2. 农业市场的范围及其发展趋势

农业市场有狭义和广义之分。狭义的农业市场主要是指农产品（农、林、牧、副、渔产品）的流通市场。广义的农业市场包括：与农业生产相关的生产资料和服务性市场，如农药、化肥等农业生产资料市场；与养殖业有关的饲料、医药、防疫等市场；种子、种苗、科技服务和生产服务市场；农产品贮藏和加工市场；等等。农业宏观调控作用的农业市场，主要是指农产品流通市场，也包括农业生产资料和农业科技、生产等服务市场。

随着生产力水平的提高和农业科技的快速发展，农业市场呈现进一步深化和扩展的趋势。一方面，农业科学技术的发展使得农业市场有深化的可能，比如农业科技市场、生物科技市场。另一方面，现代农业观使农业市场有扩展的趋势，比如农业功能的扩展，农业要为人类提供良好的生活环境，绿化、美化、净化、优化生态环境，等等，而农业功能的扩展使农业市场进一步扩大，比如荒山使用权的拍卖等。

除了以上从经济学的角度分析农业宏观调控外，根据政治经济学的观点，农业的宏观调控还包括农业中生产关系的调整和结构优化。

（二）农业宏观调控的特征

农业宏观调控主要调控农产品需求与供给总量的平衡，特别是粮食、棉花、油料等主要农产品供求总量的平衡。在调控过程中，政府作为调控的主体，重点调控的是关系国计民生的战略性农产品（如粮、棉、油等）的总量以及满足人民日益多样化需求的优质农产品的均衡供应，而不是农产品生产经营者的微观市场主体的个别经济行为。

农业经济受自然环境和市场行情影响较大，农业宏观调控具有较大的弹性和灵活性。我国农业生产经营的主体是数亿农户，农村实行以家庭承包经营为基础、统分结合的经营制度，经营决策分散性强，这就使农业宏观调控的难度较大，国家对农产品生产经营目标和计划主要通过合同形式纳入农户经营决策之中；同时受科技水平的限制，经营规模小，经营空间分散，在辽阔的空间自然条件差别又很大，生产成本不稳定，因此，农业宏观调控的作用和力度也必然留有较大的余地，调控的空间较大，路径较长，变数多。

农业宏观调控以间接调控为主。现在的农业经营主要是自主经营、自负盈亏的独立农户，农民既要承受自然灾害的风险，又要承受来自市场的经济风险。绝大部分农产品是由市场机制起基础性作用，农业宏观调控的重点是保持战略性农产品的供需平衡以平抑物价，调动农民的生产积极性。

调控手段是以经济利益机制为主。追求经济利益，增加农民收入，是市场经济通行法则，也是农民发展农业经济的直接动力。政府对农业进行宏观调控的核心是尊重农民的自主权，保证农民增收以调动农民生产积极性，并作为使用调控手段的首要出发点。比如减轻农民负担，以保护价收购农民粮食等都是提高农业经济效益、把农民积极性引向更高阶段的调控措施。

二、农业宏观调控的任务和原则

（一）农业宏观调控的任务

1. 支持农业生产发展，实现农产品供求的平衡

农产品总量和主要农产品结构的动态平衡是保持农业、农村和整个国民经济持续、稳定、健康发展的重要条件。在市场上表现为顺利地实现价值。由于市场机制的局限性，政府对农业宏观调控着眼于支持农业生产发展，确保农产品供求平衡，保证农业持续、健康、

(1) 农产品供求总量平衡

总量平衡是一定时期内农产品的供给总量与该时期内对农产品需求总量的平衡。如何确定总量水平，我们举例说明。比如粮食，人均400千克，就是以400千克为平衡量。考虑生产和预测要看粮食播种面积。一般按照单产400千克计算，全国播种面积要人均一亩。要满足14亿人的粮食需求，粮食的播种面积就不能低于14亿亩。如果播种面积少于人均一亩，就要提前做好准备，或者进口粮食，或者扩大粮食播种面积。由于影响总量平衡的因素有很多，比如大面积洪涝灾害，影响粮食供应，在不得已的情况下，就要动用国家粮食储备。

(2) 主要农产品结构的动态平衡

结构平衡是农产品供给结构与需求结构之间的动态平衡，体现为品种结构的平衡、质量结构的平衡和地区结构的平衡。按照农产品涵盖的范围来分，结构平衡包括以下几方面：第一是大农产品的动态平衡，如农、林、牧、渔农产品结构的动态平衡，也叫大部门动态平衡；第二是大部门内部小部门之间的动态平衡，如狭义的"农"这个部门，即种植业，包括粮、棉、油、麻、丝、茶、糖、菜、烟、果、药等，其中主要是粮、棉、油、菜等主要农产品的结构要平衡。

上述总量平衡与结构平衡相互联系、相互制约，总量平衡是结构平衡的前提，没有总量平衡就不可能有结构平衡；结构平衡是总量平衡的基础，没有结构平衡，就不可能实现总量平衡。随着经济发展和人们收入水平的提高，农产品供求结构的重要性日益突出。

2. 实现农产品生产能力与消费水平的平衡是社会再生产的基本要求

(1) 农产品品质有待提高

由于我国农业仍然是弱质产业，农产品加工、储备、保鲜能力很差，农产品中高科技、高附加值、富营养含量产品和无污染的绿色食品所占比重较低，因此，农产品加工能力、贮藏保鲜能力的提高，农产品的科技含量、品质的改良，环保型无公害绿色食品的生产等问题是当前农业发展的主要问题，也就是说，提升农产品消费水平和消费能力是政府对农业进行宏观调控的主要任务。

(2) 实现农产品宏观调控的三个转变

农业宏观调控要能适应新的形势变化，由只注重调控生产向注重调控生产、流通并重相结合转变；由只注重数量向注重调控数量、质量并重转变；由只注重调控速度向注重调控速度、效益并重转变。

3. 培育农业的市场机制,实现农产品市场运行秩序化、规范化

搞活商品流通,尽快形成开放、统一、竞争、有序的农产品市场体系,使农业市场运行秩序化、规范化,为农民进入市场提供良好的市场环境,保持农业经济持续稳定发展是农业宏观调控的经常性任务。

首先,政府对农业的宏观调控,必须建立在市场机制充分发挥作用的基础上。政府要在农产品的市场信息系统上发挥重要作用,通过收集、发布市场信息来指导农业生产,为农民服务。

其次,改革农产品流通体制,让农户和企业真正成为市场主体,必须培育一批农产品市场和生产要素市场,以形成一个完善的农产品市场体系。这里的农产品市场体系具体包括期货市场、拍卖市场、批发市场、零售市场、集贸市场等多种形式。为了满足市场对农产品多样化的需求,需要继续发展多种形式的初级市场,充分发展全国性的批发市场。

最后,要制定完善的农业市场规则,维护市场秩序,打击垄断和欺行霸市等不当市场行为,使各个市场主体能够按照市场规则合理运作、公平竞争。

(二) 农业宏观调控的原则

1. 以市场调节为基础的原则

社会主义市场经济体制的确立,从根本上否定了原有的高度集中的计划经济体制,标志着农业资源的配置和农产品供求关系的协调基本上都要通过市场来实现。在市场经济条件下,农业生产经营者的决策将按照利润最大化的原则,根据市场信号来做出。所以,政府农业宏观调控的手段也必须建立在市场机制的基础上,按照市场经济的内在要求,对农业生产诸环节进行监督、规范、调节和支持。从这个意义上讲,宏观调控与市场机制的关系并不是并列的,市场机制是宏观调控的基础,宏观调控是一种高层次的调节。政府对农业的调控采取"政府调控市场,市场引导企业"的模式进行。政府通过对市场的调节作用,引导农业生产经营者以市场为导向从事农业生产经营活动。

2. 宏观目标与微观目标相统一的原则

农业资源的配置活动可分为宏观配置与微观配置两部分,与此相对应,农业生产经营活动的目标也有宏观目标与微观目标之分。宏观目标是政府作为全局利益的代表所要实现的目标,它追求经济效益、社会效益、生态效益的协调。而微观目标是作为市场经济主体的农户所要实现的目标,它追求的是自身经济效益的最大化。由于农业具有外部性,宏观目标与微观目标之间经常会出现不一致。如农户追求经济效益的活动有时不符合生态效益的目标,政府提倡的具有良好社会效益的活动有时不符合农户的经济效益目标。在这种情

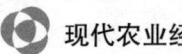

况下，政府必须采用经济手段使外部效应内部化，从而达到宏观目标与微观目标的统一。

3. 综合运用各种农业宏观调控手段

市场经济运行的规律要求政府在实施宏观调控时，应根据经济状况和各种调控手段的特点，综合运用各种调控手段。一般来说，宏观调控手段主要有经济手段、法律手段、行政手段等，农业宏观调控手段也不例外。多种调控手段综合运用的好处在于可以充分发挥各种手段的优势，同时弥补其不足。如经济手段是诱导性的，法律手段则有强制性的约束力；经济手段中的财政投资、价格补贴、税收对农业具有直接的调节作用，而金融政策对农业的调节作用是间接的，其作用过程较长，具有一定的时滞性。所以，应根据农业宏观调控的主要目标、调控时机和力度，选择使用各种调控手段。

4. 体现中国国情和社会主义市场经济的特点

与一般市场经济国家相比，我国的市场经济体制才初步建立，市场机制尚不能充分发挥作用。而且我国地域广阔，各地区之间的经济发展水平和市场经济体制建设的进展不一样。因此，农业宏观调控的方式、手段、数量界限的选择既不能照搬其他国家也不能强求地区之间的绝对统一。

三、农业宏观调控的职责与实施条件

（一）政府农业宏观调控的基本职责

1. 确定和维护农业社会经济秩序

这是农业市场主体开展农业经济活动所必需的外部条件。加大农业立法力度，比如土地法、环境保护法等，提高执法的权威性、公正性和执法效率，并通过农业行政部门和市场监管部门强化农业经济运行的检查、监督、处罚和纠正，保证农业和农村正常的经济秩序。

2. 实现农业经济发展战略目标

保证农业增产、农民增收和农村社会稳定。这是农村实现小康的基本条件，也是最大限度地满足人民不断增长的物质文化生活需要的根本途径。只有保持农业持续增长，保证农业处于国民经济的基础地位，全国农民实现小康，才能保证全国人民实现小康目标，这是总揽全局的战略问题，也是农业宏观调控的主要目标。

稳定农产品价格总体水平。农产品价格的稳定关系到全国物价指数高低，也关系到全国居民消费水平。它涉及农民和全国居民消费水平和收入高低，也涉及农业生产经营者的成本和利润的高低，不仅对农民收入具有重要影响，而且是影响和提高全国人民生活水平最重要、最敏感的因素,是宏观调控的重要目标。

加大农业投资,不断改善农业生产条件。逐步加大国家的农业投资,加大以农田水利基本建设为主的农田基本建设投资,以及与保护农业生态环境、农业可持续发展有关的基础性投资,从而保护耕地、保护森林植被和水资源,防止土地荒漠化和环境污染等,改善农业生产条件。

3. 为农业经济发展创造良好的外部环境

加大农田外基本建设力度。主要是农村和农民无力承担的大江大河的治理、大中型水利设施的修复和完善、农村电网改造、生态和环保工程等。

广泛开展农业经济信息咨询和服务。政府有遍及国内外的庞大的完善信息网络,可以有效地收集、整理和发布各种社会、经济和市场方面信息。政府建立和完善农业经济信息咨询和服务网络,为农业生产经营提供服务。

加强农村政治文化建设。政府为农业培养人才,包括农业技术人才和经济人才,开展农业科学研究,为农村文化科学的推广应用创造条件,提高农民的政治和文化素质。

4. 建立农村社会保障体系,保持农村社会稳定

农村社会保障体系是我国社会保障体系的薄弱环节。在城乡收入差距逐步拉大的情况下,建立农村社会保障体系对于农村社会的稳定,乃至全社会的稳定至关重要。为了维护农村社会的稳定,促进农业经济增长,必须深化农村社会保障体系制度改革,大力发展农村社会保障制度。

5. 克服市场缺陷,促进农业市场竞争

在市场经济条件下,对农业社会公共产品和服务的需求是不可能单纯通过市场调节得到满足的,政府必须行使宏观调控的职责,才能弥补市场的缺陷与局限性。对于低效益或长效益甚至于无效益的工程,如大型水利工程、农村交通干线、农业生态工程等,只能靠政府进行直接投资,或者通过采取财政政策和货币政策进行宏观调控。针对外部性问题,政府应当鼓励和增加外部正效应产品的生产,减少甚至消除具有外部负效应产品的生产。可以采取的主要措施包括:一是通过税收和津贴,对于形成负效应的生产经营征收额外费用,其数额等于所造成的损失,使其个别成本等于社会成本;对于形成正效应者给予津贴补助,其数额等于所造成外部效应所带来的利益,使其个别成本等于社会成本。二是清晰界定财产所有权,通过法律程序,对于违反规定造成外部负效应的要进行惩罚。三是外部负效应内部化,就是通过农业生产者的联合、农业产业化经营等,使经济实体从自身整体利益出发,尽可能减少负效应的产生。

（二）政府农业宏观调控的具体职责

1. 中央政府农业宏观调控的具体职责

中央政府是农业宏观调控的主要承担者，负责具有全局性、根本性的宏观调控任务。其职责主要包括：①制定农业和农村长期经济发展战略目标及实现目标的分阶段的长期规划。②制定农业和农村经济发展政策，包括土地政策、农产品流通政策、农业财税政策、农业金融政策、农村产业政策、农业投资政策、农产品价格政策等。③建立重要农产品市场，尤其是粮食的风险基金制度、储备制度以及保护收购制度等。④制订农产品市场规划，维持市场秩序。⑤建设和完善农产品市场体系和网络，发展、完善和规范农产品市场。⑥为农业投资公共产品，如农业科学研究、大江大河的治理和水利设施建设等。⑦保护农业资源，维护生态平衡。⑧推进农产品国际贸易。

2. 地方政府农业宏观调控的具体职责

地方政府要根据中央宏观调控的总体目标和总体政策，结合本地区实际履行本地区农业宏观调控职责。

①根据中央政府经济发展战略和中长期发展规划，制定本地区农业和农村经济发展战略和中长期发展规划。②制定本地区宏观调控的具体细则。③建立和实施省级农产品储备制度和风险基金制度。④建立农产品市场中介组织，引导农民专业协会和农业产业化经营，进行农产品市场基础设施建设。⑤建立农业社会化服务体系。⑥扶持农业科研和农业高新技术推广，培养农业科技人才等。⑦投资建设本地区内的农业基本设施。⑧其他为农业服务的职责。

（三）政府实施宏观调控的条件

1. 转变政府职能

改变传统的计划经济体制下政府通过行政手段直接调控农业生产经营的做法。在市场经济条件下，政府转变这种政企不分的职能，集中力量调控农产品供求总量和主要农产品结构，制定农业发展战略目标和实现目标的中长期规划，协调农业经济运行中产生的各种矛盾和问题，为农民生产经营健康发展提供市场信息、资金、科技等服务，逐步完善农业宏观调控主体的职能，从宏观上"正确维护和调整生产关系"和"为合理组织生产力"创造宏观条件。

2. 培养和完善农产品市场体系

合理布局各级、各类农产品市场，形成比较完善的市场体系；进一步开放搞活农产品市场，如粮食市场、棉花市场等，国家保持一定的农产品储备，其他的市场需求通过市进行调节；加强市场基本建设，包括加强市场基础设施建设、培育农产品流通组织、完善市场管理和信息服务制度。

3. 稳定以家庭承包经营为基础、统分结合的双层经营体制

实行农村家庭成承包责任制，使农民有充分的经营自主权，切实保障农民的土地承包权、生产自主权和经营决策权，使其成为真正的市场主体。家庭承包经营是双层经营的基础，农村基层组织是国家宏观调控农业经济的基层依靠对象，稳定农村"以家庭承包经营为基础、统分结合的双层经营体制"，对于加强政府对农业的宏观调控是非常重要的，特别是农村的集体经济成分，在政府实施宏观调控中，起着重要的调节作用。因此，只有稳定以家庭承包经营为基础、统分结合的双层经营体制，壮大农村集体经济，政府才能对农业进行有效的宏观调控。

第三节 农业宏观调控的手段

一、计划手段

国家计划指导是指由政府按农业经济发展战略目标的要求，制定农业发展中长期发展规划，这是政府农业宏观调控和指导农业经济运行的基本依据。这是国家宏观调控农业和指导农业的依据，主要指引农业发展方向。计划手段主要应用于宏观经济的导向、平衡和调控上，重点做好经济发展的预测、经济总量的平衡、重大结构的调整和重点项目的安排，并综合配套地运用经济、法律和必要的行政手段来引导和调节微观经济运行。

二、经济手段

经济手段是指国家按照经济规律的客观要求，根据物质利益原则，通过激励或约束措施引导经济主体的经济活动，以达到既定目标的宏观调控手段。在市场经济条件下，经济手段是宏观调控的主要手段。包括财政（税收）政策、金融（保险）政策、价格手段等。

（一）财政（税收）政策

我国财政（税收）政策对农业的支持大体由四部分组成，即农业投资、财政支农、农业财政补贴和农业事业费支出。几十年来，财政为支持农业发展发挥了很大作用。但前些年，财政对农业的支持力度明显减弱，给农业发展带来了明显的负面影响。从21世纪初期起，

中央开始加大对农业、农村的财政支持。今后在农业宏观调控中财政手段应突出以下重点：①适度加大财政支农力度。各级财政部门都要严格执行《农业法》，做到财政对农业的投入增长幅度高于财政经营性收入的增长幅度。确保各级地方政府在支持和保护农业方面的责任，加大支持农业科研和推广工作，兴建交通、通信、能源、仓储、交易场所等基础设施，实施农业综合开发和扶持贫困地区脱贫致富。②调整农业补贴政策，在此方面应实现五个转变：补贴政策目标由短期化向长期化转变；补贴方式由投入补贴向产出补贴转变；补贴强度由低水平向适度水平转变；补贴运行由随意性向制度化和规范化转变；补贴形式由间接补贴向直接给农户补贴转变。③改革政府机构，改革县级及乡镇一级的政府机构，精兵简政，实现乡村自治，从而达到最大限度地减低农村的交易和管理费用，促进农民增收。

（二）金融政策

由于我国原有金融体制的制度安排和农业本身的投资周期长、回收慢等特点，导致金融体系对农业的支持力度明显不足，出现了农产品收购的"白条"现象，农村信用社存款大量倒流向国家银行。今后应根据我国国情构建和完善农村金融服务体系，以现行的农村信用社、农业银行、农业发展银行、邮政储蓄银行和新成立的农业保险公司作为基本框架，形成具有政策性功能、商业性功能和合作性功能的农村金融服务体系。

①根据农业发展的要求，适度加大金融体系对农业的支持力度，农业贷款额度安排要与农业发展的需要相适应。②国家银行的信贷资金要优先用于发放农业贷款，保证农业贷款资金能够及时足额到位，要取消农业贷款规模管理的季度限额控制，根据农时给予一定的灵活度。同时，鼓励农村金融创新，特别是合作社金融的发展，以促进农村资金供给。③完善农业金融体制，积极稳妥地做好农村信用社与中国农业银行的分设工作，创建适合中国国情的微观农业合作金融体系，引导农民的资金尽量用于农业。④调整利率制度，增强利率使用的灵活性，扩大利率的差别性。利率的差别性要体现在国家产业政策的要求，充分发挥利率在贯彻宏观产业政策方面的杠杆作用。⑤完善农业政策性贷款制度。应将所有的政策性贷款都纳入农业发展银行的业务范围，按计划落实政策性贷款；财政应增加对政策性银行的资金支持，在财政对政策性银行的资金注入不能满足政策性银行业务需要的情况下，应允许通过商业银行认购金融债券等方式，解决政策性银行的信贷资金来源问题；加强对政策性银行贷款使用单位的审核监督，建立完善的监督机制，确保资金用途和资金效益符合规定的要求，进而确保政策性贷款能够按计划回收和再投入使用。⑥大力发展农业和农村保险，特别是政策性保险。由于农业自身的市场风险和自然风险，因此，应该加大发展农业保险，这有利于增强农业抵抗自然风险、抵御市场风险的能力。

（三）价格手段

价格手段包括价格支持政策、限价政策、限量政策、价格补贴政策、合理的农产品比价政策等。在市场经济条件下，价格是政府宏观调控的重要手段。价格手段对于稳定农产品市场、保证农民收入、保护消费者权益、实现我国的粮食安全战略等十分重要。

①农业价格支持政策。当农产品市场价格过低时，政府以保护价格敞开收购农产品，对价格水平予以支持，以避免出现"谷贱伤农"的现象。②限价政策。通过限制有关农业生产资料的价格，以保护农业生产者的政策。③限量政策。根据世界市场和本国市场的需要，限制农产品播种面积，以达到限制农产品产量，实现本国农产品供需均衡，保护农民效益的政策。④价格补贴政策。包括固定补贴、不固定补贴、生产补贴等。目前我国已经在粮食主产区实行了"改保护价收购为直接补贴农民"的政策，即把保护价与市场价的差价直接补贴给农民，这是完善粮食政策的核心内容。

三、法律手段

市场经济是以法治为基础的经济，法律手段是宏观调控的一个重要手段。因此，社会主义市场经济体制下的农业宏观调控，还必须加强有关农业宏观调控的法律建设。我国的农业法律建设，虽已取得了很大成就，但现有的法律体系仍不能满足农业宏观调控的需要，法律体系不健全、法律条款不完善、法律执行不严格，是目前存在的几个主要问题。进行农业宏观调控的法律建设，首先要加强对法律在宏观调控中重要性的认识，形成完善、配套的农业宏观调控法律体系，依靠法律统一共识，为法律建设提供一个良好的社会环境。

农业宏观调控法律建设的重点是：首先，健全法律体系，形成一套系统的、适应市场经济发展和农业宏观调控的法律体系。这套法律体系应包括农业基本大法、规范市场交易行为和维护市场交易秩序方面的法律、保护农民产权和利益方面的法律、农业资源和环境保护方面的法律、保障农业投入方面的法律、农产品品质质量方面的法律、实现社会公平方面的法律、规范农业行政管理部门方面的法律。其次，完善法律条款，每一部法律都应做到结构严谨、条款充实和严密，减少原来法律过于原则性的弊端，增强可操作性。最后，要加强执法的监督和检查，对违反法律的行为要及时进行查处，依法进行宏观调控。

四、行政手段

积极推进农业行政管理体制改革，在农业宏观调控体系中，农业行政管理机构十分重要。一个高效、权威的农业行政管理机构，是实施农业宏观调控的组织保证。

行政手段指的是政府运用行政权力对农业生产经营进行超经济强制性管理。在市场经济条件下，政府对农业经济活动的行政干预应减少到最低限度，但必要的行政调控是必不可少的。政府对农业进行宏观调控时，必须遵循市场规律，不能瞎指挥，要按照客观规律办事，要在法律的范围内进行。行政手段在法律规范范围内的使用，在某些情况下可以起到其他调控手段不能起到的作用。在农业宏观调控中建立一个高效权威的农业行政管理部门和机构，独立承担指导农业宏观调控任务，这是实施有效的农业宏观调控的组织保证。需要说明的一点是，对于行政手段，一般都不单独行使行政命令，而是与经济手段、法律手段结合起来综合运用。

第四章 农产品市场与营销管理

第一节 农产品市场体系概述

市场是生产力发展到一定阶段的产物,属于商品经济的范畴,凡是有商品生产和商品交换的地方,就必然有市场。随着经济的发展,农产品市场的范围、形式和交易的内容都在发生变化。从市场的活动范围来看,它不仅涉及产前活动如市场调查与预测、产品研发等,而且还延伸到产品的售后活动,如售后服务、信息反馈等。市场的形式也越来越多样化,现代市场的商品交换通过电话、传真、计算机网络就可以顺利实现。

一、农产品市场体系的概念

(一)农产品市场的概念及特点

1. 农产品市场概念

农产品市场是农业商品经济发展的客观产物,它的含义有狭义和广义之分。狭义的农产品市场是指农产品交易的场所。农业生产者出卖自己生产的农产品和消费者购买自己所需的农产品,需要有供他们进行交换的场所,这种交换农产品的场所就形成了农产品市场,如农贸市场、蔬菜市场、花卉市场等。

广义的农产品市场是指实现农产品价值和使用价值的各种交换关系的总和。它不仅包括各种具体的农产品市场,还包括农产品交换中的各种经济关系,如农产品的交换原则与交换方式,人们在交换中的地位、作用和相互联系,农产品流通渠道与流通环节,农产品供给与需求的宏观调控等。

2. 农产品市场的特点

农产品市场与其他市场相比,具有以下特征:

(1)农产品市场具有供给的季节性和周期性

由于受自然条件和生物机理的影响,农业生产具有很强的季节性和周期性,而农产品只有在收获后才能进入市场,这就决定了农产品市场的供给有旺季和淡季之分。为了保证农产品市场供给和消费需求的均衡,必须做好农产品的储存、保管和加工工作,调剂市场

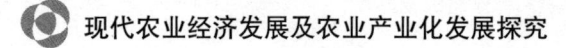

上农产品的供求，保证市场的正常供应。

（2）农产品市场交易的产品具有生活资料和生产资料的双重性质

很多农产品具有生活资料和生产资料的双重性质，如粮食、水果、棉花等，既是人们日常生活的必需品(生活资料)，又分别是食品加工业和棉纺工业所需的原材料(生产资料)。

（3）农产品市场受自然风险和市场风险的双重影响

农业生产包含了动植物的生长、发育、成熟、收获与储运的全过程，因而受到自然与市场双重风险的考验。一方面，农产品生产会受到水、旱、风、雹、冻、热和病虫等自然灾害的影响，使农产品生产面临各种自然风险；另外在市场经济条件下，农产品还会因供求关系变化而造成市场风险，并与自然风险相互交织，形成互为因果的双重风险。当自然风险小时，农产品因丰收质优量大，价格走低、市场风险变大；反之，自然灾害重时，农产品因歉收量少，价格上扬，此时，市场风险相对变小。

（4）农产品市场经营具有明显的地域性特征

我国幅员辽阔，各地自然条件差异性较大，导致各地的农业生产也有着较强的地域特色，形成了如粮食作物区、经济作物区、牧区和林区等不同的农业生产区域。即使是粮食生产，由于地理环境不同，适宜种植的作物品种也不同，如北方地区多种植小麦，而南方地区则较宜种植水稻。而且由于不同地域的人们的消费习惯不同，从而对各类农产品的需求也是有差异的，如北方人习惯面食，而南方人则偏爱米饭；草原牧区的人们更喜牛、羊等肉食，而沿海地区的居民则更爱各类海产品。为此，要因地制宜做好不同农产品市场的经营，兼顾生产地和消费市场、卖方和买方的利益。

（5）农产品市场流通具有"分散—集中—分散"的特点

农产品的生产遍布全国各地，由全国数亿个小规模的生产单位（含农户）经营，而商品性农产品的消费主要集中在城市。由此形成了农户"分散"生产，由经营者通过收购、贮藏、运输、加工等环节进行"集中"，再经批发、零售等环节，最终"分散"到消费者的流通模式。因此，农产品购销网点的设置和收购方式等都要与这一特点相适应。

（6）农产品市场具有较强的政府宏观干预性

农业是国民经济的基础，农产品是关系国计民生的重要产品，农产品供求平衡且基本稳定是社会稳定和经济发展的保障。因此，对农产品市场的经营活动和农产品价格，既要充分发挥市场机制的调节作用，又要加强宏观调控，以实现市场繁荣和社会稳定两个目标，还可以通过全球的余缺来调剂一国农产品的丰歉。

（二）农产品市场体系的概念及构成

1. 农产品市场体系的概念

农产品市场体系是流通领域内农产品经营、交易、管理、服务等组织系统与结构形式的总和，是沟通农产品生产与消费的桥梁和纽带，也是现代农业发展的重要支撑体系之一。

2. 农产品市场体系的构成

农产品市场体系由市场主体、市场客体、市场机制和市场组织等构成。

（1）农产品市场主体

农产品市场主体是指具有自身利益、自主参与市场交易活动的所有组织和个人，包括农产品生产者、经营者、消费者和农产品市场调节者。

（2）农产品市场客体

农产品市场客体是指交易当事人之间发生交换关系的标的物，即市场交易的对象。市场客体包括实物形态的商品、知识形态的商品、以等价物形态出现的资金商品和以活动形态出现的劳动力商品等。

（3）农产品市场机制

农产品市场机制是指市场经济中各市场要素互相适应、互相制约，共同发挥作用而形成的市场自组织、自调节，实现自我平衡的功能，即在客观经济规律的作用下，实现生产、分配、交换和消费的自动调节。市场机制包括价格机制、供求机制、竞争机制、激励机制、风险机制等，它们相互联系和作用，共同调节农产品生产和流通机制。

（4）农产品市场组织

农产品市场组织是为保证商品交换顺利进行而建立的协调、监督、管理和服务农产品市场的各种机构、手段和法规。农产品市场组织包括流通组织机构如农产品供销合作社，中介组织如农产品劳动服务公司，管理组织如农产品统计及市场监督管理等部门，技术管理组织如计量部门，民间组织如农产品行业组织协会等。

二、农产品零售市场

（一）农产品零售市场概念

农产品零售市场又称农产品消费市场，它是农产品的最终交易场所，反映农产品的生产者、加工者、经营者和消费者等多方面的经济关系。农产品零售市场主要包括露天集市、农贸市场、副食商店、社区便民菜肉店和不同规模的连锁经营超市等。

（二）农产品零售市场的特点

①农产品零售市场的辐射范围较小，多限于周边居民的消费并与中心集散市场接近。②农产品零售市场的交易方式主要是现货交易，交易数量小，交易频率高。③农产品零售市场上出售已加工的农产品和鲜活农产品。④在农贸市场上，小型批发商和零售商是此类市场的主要供应者；在超市中，农产品及食品的连锁、配送是其供货的基本形式；部分农产品特别是鲜活农产品一般由生产者直接在市场上进行销售。⑤农产品零售市场的农产品价格一般都高于产地市场和批发市场价格。

（三）农产品零售市场的发展

以超市、连锁、配送等模式经营农副产品是我国农产品零售市场发展的一大趋势。中国农产品传统的"提篮叫卖"的经营形式和露天集市的市场环境已无法满足人们对优质、安全农产品的需求。超市经营不仅能为消费者提供新鲜优质的各类农副产品，而且购物环境更舒适宽敞，农产品价格也较为规范统一。

我国连锁超市起步于20世纪90年代初期，当时的超市主要经营日常生活用品和加工食品的零售业务。随着国内连锁超市竞争的加剧和超市经营理念的变化以及国外超市示范效应的影响，20世纪90年代中期，在北京、深圳等地开始出现生鲜农产品超市零售。20世纪90年代中后期，农产品超市经营快速发展。21世纪以来，北京、上海、深圳、南京、杭州等大城市先后制定政策，加快了农贸市场超市化改革的进程。

在新经济和网络经济背景下，在信息技术和现代物流运输业的支撑下，农产品网络零售市场也得到较快的发展。例如中粮集团旗下的食品购物网站"我买网"就提供了各种食品，如粮油、零食、茶叶、酒水以及生鲜产品的网络零售，极大地迎合了现代都市上班族的消费需求。

三、农产品批发市场

（一）农产品批发市场概念

农产品批发市场又称中心集散市场，是指将来自各个产地市场的农产品进一步集中起来，经过加工、储藏和包装，通过销售商分散销往全国各地的场所及组织。此类市场多设在交通便利或农副产品的主产地，一般规模较大，并设有较大的交易场所和仓储设施等配套服务设施。农产品批发市场每笔交易的数量和金额都较大。

根据经营农产品品种的多少，农产品批发市场可分为综合市场和专业市场。综合农产品批发市场是指主营品种超过三类（含三类）农产品的批发市场。专业农产品批发市场是指主要经营某一类农产品的批发市场，包括蔬菜、果品、水产品、肉禽蛋、粮油、花卉、干菜副食调味品、食用菌等批发市场。如山东寿光蔬菜批发市场是我国蔬菜批发市场的标杆，济南维尔康肉类水产批发市场则以冻品和鲜肉为主要交易对象。

（二）农产品批发市场的作用

1. 农产品批发市场是农产品交易流通的中心环节

农产品批发市场是为农产品集中交易提供场所的有形市场，是农产品流通体系与营销体系的核心环节。为解决我国"小农户，大市场"的矛盾，需要在众多的小农户和巨大的市场之间建立一个庞大的流通体系来完成生鲜农产品的集散。农产品批发市场作为农产品流通的中心环节，有效地保障了城市供应，解决了农产品的销售问题。大型集散地农产品批发市场由于具有交通便利、功能齐全、辐射范围广等特点，发挥了远距离运输集货和中转批发作用，有力推动了农产品大流通格局的形成。

2. 满足了交易双方扩大交易规模和交易空间的要求，节约了交易成本和交易时间

农产品批发市场是一种或多种农产品及其系列商品集中进行现货交易的场所，是解决农业生产的大批量与消费形式多样化之间客观矛盾的有效交易形式，能够明显地节省交易成本。批发市场的高效率和低交易费用是零售市场所不可替代的。农产品批发市场的开放性、灵活性的特点和横向经济联系的形式，有利于按照商品的自然流向和运动规律进行流通，促进产销直接见面，极大地节约了交易时间。

3. 农产品批发市场能够充分发挥价值规律的作用，调节农产品生产与流通，推动商品经济发展

拥有众多生产者和消费者的农产品批发市场，具有买卖的广泛性和更充分的市场竞争性，使其成交价格能较好地反映市场供求关系的变化，从而促进生产者和消费者效用的最大化。

4. 农产品批发市场能够为农业生产者提供综合服务，特别是信息服务

农产品批发市场的交易情况，客观地反映了农产品供需及价格等市场信息的变动情况，能够为农业生产经营和决策提供信息指导，尽量规避农产品生产和经营上的盲目性。

四、农产品期货市场

（一）农产品期货市场的概念

期货交易是与现货交易相对应的一种交易方式，是商品交换的一种特殊方式，其最早

始于农产品期货合约。农产品期货是世界上最早上市的期货品种,并且在期货市场产生之后的120多年中,农产品期货一度成为期货市场的主流。狭义的农产品期货市场是指进行农产品期货交易的场所,通常特指农产品期货交易所。广义的农产品期货市场是指农产品期货合约交易关系的总和,它是由相互依存和相互制约的期货交易所、期货交易结算所、期货经纪公司和期货交易者组成的一个完整的组织结构体系。

我国农产品期货市场经过多年发展,农产品期货品种已达26个,形成粮棉油糖、畜牧、木材等板块,以及油脂油料、玉米和玉米淀粉、饲料养殖等多个产业链品种体系。我国的农产品期货交易是通过大连期货交易所和郑州期货交易所进行的。

(二)农产品期货市场的特性

1. 交易对象的特殊性

农产品期货市场以农产品期货合约为交易对象。农产品期货合约是一种由期货交易所统一制定、在交易所内集中交易、受法律约束并规定在未来的某一特定时间和某一特定地点交割一定数量和一定质量的某种特定农产品的标准化合约。标准化的农产品期货合约只是现货的象征或代表。

2. 交易商品的特殊性

农产品期货市场中交易的商品是一些具有代表性并且需要具备一定条件的特定农产品。这类农产品通常需要具备两个基本条件:一是品质等级易于标准化;二是能够长期贮藏且适于运输。另外,对农产品期货市场交易的农产品来说,其现货市场应具备两个基本特征:一是特定期货农产品的现货市场接近完全竞争市场;二是特定现货市场环境发达完善,使得现货市场交易和投资主体不仅需要而且能够利用期货市场回避现货价格波动的风险或获得风险利润。

3. 交易目的的特殊性

进入农产品期货市场的交易者的目的是利用农产品期货市场进行套期保值,以规避农产品现货价格波动的风险,或是为了利用期货市场价格的上下波动来投机获利。

4. 交易场所与交易方式的特殊性

农产品期货市场中的交易必须在高度组织化的期货交易所内依照期货法规集中进行,即不能分散地进行交易,所有的交易都要集中在期货交易所内通过公开、公正、公平竞争的方式进行交易。

5. 交易保障制度的特殊性

农产品期货市场中的交易虽然也有基本的法律保障,但更重要的交易保障制度是由会员制度、保证金制度、无负债结算制度等构成的规则制度来保障期货交易的正常运行。

6. 交易机制的特殊性

农产品期货市场交易机制的特殊性在于其双向交易和对冲交易。双向交易是指在期货交易中，交易者既可以买入期货合约作为期货交易的开端，也可以卖出期货交易合约作为交易的开端，也就是通常所说的买空卖空。对冲交易指盈亏相抵的交易，即同时进行两笔行情相关、方向相反、数量相当、盈亏相抵的交易。

（三）农产品期货市场的功能

1. 规避价格风险，保障农户和相关经营者利益

现货交易的农产品价格只能反映即期市场供应的价格。由于农产品生产周期长，不可控因素多，价格往往具有滞后性。随着期货交易的产生和发展，生产经营者可以在期货市场上进行套期保值业务来规避、转移或分散现货市场上农产品价格波动的风险。套期保值能够实现规避价格风险的基本经济原理在于某一特定商品的期货价格与现货价格在同一时空内会受相同的经济因素影响和制约，因此一般情况下两个市场的价格变动趋势相同。

2. 发现合理价格

期货交易所是一个公开、公平、公正、竞争的交易场所，它将众多影响供求关系的因素集中于交易所内，通过公开竞价，形成一个公正的交易价格。这一交易价格被用来作为该商品价值的基准价格，通过现代化的信息传递手段迅速传递到全国各地，人们可以利用此价格来制定各自的生产、经营和消费决策。期货交易具有发现价格的功能，主要是因为：第一，期货交易参与者众多，成千上万的买家和卖家集聚在一起进行竞争，代表了供求双方的力量，有助于真实价格的形成；第二，期货交易中的交易主体大都熟悉某种商品行情，有丰富的经营知识和广泛的信息渠道以及一套科学的分析、预测方法；第三，期货交易透明度高，竞争公开化、公平化，有助于形成公正的价格。期货市场是集中化的交易场所，自由报价，公开竞争，避免了现货交易中一对一的交易方式极易产生的欺诈和垄断行为。通过规范化的市场和公平竞争形成的期货价格，能比较客观地反映未来农产品的供求状况和价格走势，可以给农产品的经营者提供具有权威性的下一生产周期的合理预期价格。

3. 风险投资功能

风险投资功能主要是针对期货投机者而言的。期货风险投资一般包括两层含义：一是投资者将一定金额的货币资金用于期货交易项目，即买卖期货合约；二是投资者参与期货交易的目的主要是获得以货币表示的经济收益。因而期货风险投资是一个含义较为广泛的概念，无论投资主体是为了获取转移风险的经济收益，还是为了获得超额利润，只要特

定的投资主体为了获取经济收益而用一定数额的货币买卖期货合约，都属于期货风险投资行为。

4.资源配置功能

资源配置功能的发挥不是通过直接实物交割来实现的，而主要是通过期货市场的杠杆作用，间接调配物资在期货市场外流转。同时，期货市场快捷的信息传递、严格的履约保证、公平公开的集中竞价、简捷方便的成交方式，全方位地、迅速有效地抹平区域性不合理的价差，也促进了资源配置效果的实现。

第二节 农产品物流

一、农产品物流的概念及特点

（一）农产品物流的概念

农产品物流是指以农业产出物为对象，通过农产品产后加工、包装、储存、运输和配送等物流环节，实现农产品保值增值，最终送到消费者手中的活动。具体而言，它包括农产品的收购、运输、储存、装卸、搬运、包装、配送、流通加工、分销、信息活动等一系列环节。

（二）农产品物流的特点

由于农产品独特的自然属性和供求特性，使得农产品物流也有着明显区别于工业品物流的特征：

1.农产品物流的数量大、品种多、范围广

当前粮食、经济作物及畜牧产品和水产品的商品率极高，它们不仅直接满足了人们的生活需要，还要向食品工业、轻纺工业、化工业等提供原料，因此导致农产品物流的需求量大、范围广。

2.农产品物流要求高

农产品一般都是有生命的动物性与植物性产品，因此农产品物流特别注重"绿色物流"，以保证在物流运输过程中不污染、不变质。另外，由于农产品价格较低，要努力做到低成本运作。此外，农产品流通还涉及农民收入水平的提高，所以，农产品物流一定要做到服务增值,即农产品加工转化和农产品加工配送。

3. 农产品物流面临较大的风险

一方面,农产品的新鲜度直接影响其品质与价格,而农产品的易腐易烂特点使其在运输仓储等环节面临较大的风险;另一方面,农业生产具有较强的地域分散性和季节性特点,而农产品的消费具有全年性和普遍性,这导致了农产品供需之间矛盾的产生,使得供求信息的准确掌握和及时调整都比较困难,从而加大了农产品物流环节的风险。

4. 农产品物流的来源较为单一

农业生产的地域性和相对集中性与农产品消费的分散性之间的矛盾,是导致这一特点的主要原因。一方面,农产品绝大多数是由农村向各个城市流通,另一方面由于农业生产受自然环境的制约,导致个别农产品只能从特定的地点流出。

5. 农产品物流运输不均衡

一方面,由于农产品生产的季节性特点,在农产品的收获季节及其以后一段时间是农产品的运输高峰期,对运输能力的需求较高,而在其余的时间里,农产品的运输量则相对较少。另一方面,农产品多是有生命的有机物,易损易腐,需要根据其物理化学性质采用科学合理的运输方式,如水果的恒温保鲜运输、粮食的散装运输等。

二、农产品物流的类型与功能

(一)农产品物流的类型

根据农产品物流具体对象的不同,大致可将农产品物流分为以下几类:①粮食物流。粮食是人类生存最主要的物质资源。②经济作物产品物流。经济作物是指除供人们食用外、可作为工业尤其是轻纺工业和食品加工工业原料的农产品,因其商品率远远高于粮食作物,对物流的需求量大。③畜牧产品物流。畜牧产品既是人们生活所需的肉、蛋、奶等食物的来源,也是轻化、化工、制革、制药工业的原料来源,对物流需求量较大,还可进一步细分为奶类物流、肉类物流及蛋类物流等。④水产品物流。水产品是海洋和淡水渔业生产的动植物及其加工产品的统称,主要分为鱼、虾、蟹、贝四大类。⑤林产品物流。林产品是重要的工业原料,营林和竹木采伐对物流需求大,主要包括林产品的运输、装卸和搬运三方面。⑥其他农产品物流。未能归入上述类别的农产品物流,统称为其他农产品物流。

(二)农产品物流的功能

农产品物流系统具备不同的功能,它们相互联系、相互作用。具体包括以下功能。

1. 包装功能

包装有两层含义，即包装物体的容器和对物体施加包装的行为过程。根据包装的作用不同，包装物可分为运输包装和销售包装。包装是商品在生产领域的延续，又有消费领域"无声的推销员"的作用。包装作为物流活动的起点，在农业物流系统中的功能主要包括：第一，保护的功能，即保护农产品价值和使用价值在流通过程中不受外界要素的损害，主要包括外部自然环境因素的影响（如温度的变化会影响肉蛋奶类产品的品质）和外部非自然因素的影响（如运输过程中强烈的碰撞对产品的冲击或在装卸搬运过程中发生的跌落等）。因此，做好农业物流的包装工作，充分发挥其保护功能，既能防止农产品本身性能发生变化，又可减少农产品在流通及消费过程中遭受外力的破坏。第二，便捷的功能，即农产品标准化的包装便于装卸、搬运、储存及运输等环节的作业，并提高仓库的利用率和运输工具的装卸能力。第三，销售的功能。农产品的包装在销售环节往往给消费者留下"第一印象"，在农产品品质相同的情况下，精美的包装能够激发消费者的购买欲望，并产生购买行为，成为影响消费者决策的重要因素。

2. 装卸搬运功能

装卸搬运是指物品从一种状态到另一种状态的活动，装卸侧重物品存放状态的改变，搬运则强调物品空间位置的改变。装卸搬运介于生产和流通之间，为两者创造商品的时间效益和空间效益，在农产品物流过程中占有非常重要的位置。其功能主要表现为：第一，衔接的功能。农产品在生产领域、流通领域及消费领域的流转及各种运输方式之间的转换都需要通过装卸搬运来实现，装卸搬运伴随生产和流通过程的各个环节，保证了农业生产各阶段的衔接，是流通过程中各环节相互转换的桥梁。第二，保障和服务的功能。装卸搬运活动本身是一种劳务，其质量好坏直接影响农产品流通过程是否通畅。做好装卸搬运工作，可以有效避免农产品"跑在中间，窝在两边"现象的发生，提高流通效率，减少农产品的跌落损失，增加农民的收入。

3. 运输功能

运输是指物品借助运力在空间上所发生的位置移动。运输环节是农产品物流过程的一个中心环节，是物流系统中的一项重要作业活动。运输功能能够创造农产品的空间效用，消除农产品的生产和消费之间在空间位置上的背离，实现农产品的使用价值，满足社会的各种不同需要。农产品物流系统中运输功能的发挥可以有效提高农产品流通速度和效率，降低农产品物流费用，扩展农产品流通渠道，增加农产品销路和农民收入，从而促进农村经济的稳定发展。

4. 储存保管功能

储存保管是指从接受储存物品开始，经过储存保管作业，直至把物品完好发送出去的全部活动过程，包括储存保管的对象、储存保管的工具及储存保管的技术。储存在生产、流通、消费领域中普遍存在，保管是储存的继续。储存保管可以保障社会生产的连续进行和物流各环节的顺畅进行，同时保证农产品价值和使用价值不受损害及本身性能不会变化。从流通领域来看，农产品必须保持一定数量的流通储存才能保证农产品市场的正常供应，满足消费者的各种需求，如我国的储备粮制度不但是我国粮食市场宏观调控的重要政策工具，也是我国粮食价格和供应稳定、满足人民群众生活需要的重要保障。从物流角度看，它与运输环节共同构成了农产品物流的两大支柱，是农业物流系统的一项重要功能，与其他环节一起为物流提供了时间效用。加强农产品储存保管的管理，采用先进的储存保管技术，完善储存保管设施的建设，能够在较大程度上规避农产品因储存保管上的不足而出现的"库存积压""供应不足"及"腐烂变质"等现象的发生，降低生产成本，提高农业生产效益。

5. 流通加工及废弃物的回收与处理功能

流通加工是指在物流过程中，对农产品进行一些辅助性的加工活动。废弃物的回收与处理是指在物流过程中，对生产和消费中产生的大量废弃物进行收集、加工、处理等一系列活动。两者都对物品进行加工处理，创造物品的加工价值。通过农产品物流的流通加工环节，对生产企业所需的农业原料进行简单的初级加工，既为生产企业节省了初级加工的人财物等支出，又能够提高设备利用率和加工效率，还能合理地组织运输和配送，提高农业物流效益。通过对农产品生产和消费中的废弃物进行回收、处理，既提高了农业资源的再利用率，有助于农民增收，又为农民创造了良好的生产条件和洁净的生活空间。

6. 增值服务功能

农产品物流可以提供物流信息情报是其增值服务功能的主要体现。农产品物流信息情报是指在一定时期内对农业物流各环节运动变化情况及一定范围内的其他活动变化情况的反馈。在农产品物流中，及时、准确、全面的农业信息是农产品物流的生命。农产品物流信息在农村经济发展中起着"引导"和"预测"的作用，农户可以借助市场信息来指导生产，及时准确地调整生产结构和品种结构，并在外部因素波动的情况下做出相对稳定的预测，由此增强农民驾驭市场的能力。

三、农产品运输与配送管理

(一) 农产品的运输

1. 合理选择农产品运输方式、运输路线和运输工具

运输方式是指交通运输的性质(海、陆、空),运输路线是指交通运输的地理途径,运输工具是指运输承载物。运输方式是运输路线和运输工具的表现形式,运输路线和运输工具是运输方式的载体。三者关系紧密,是影响农产品运输的重要因素。

合理选择农产品运输方式、运输路线和运输工具,是指在组织农产品运输时,按照农产品运输的特点、要求及合理化原则,对所采用的运输路线和运输工具,就其运输的时间、里程、环节、费用等方面进行综合对比计算,减少增加运输时间、里程、环节、费用等的各种不合理因素和现象,选择最经济、最科学合理的运输方式、运输路线和运输工具。

农产品运输除了采用现代化的交通运输方式和运输工具外,还大量使用一些民间运输工具,如拖拉机、帆船、驳船、畜力车、牲畜等。这些运输方式和运输工具各有特点,能够满足特定的自然地理条件或自然属性和产销状况不同的农产品的运输需要。对此需要区别情况,因地制宜,进行合理选择。

对于大宗农产品远程运输,适宜选择火车,因为火车具有运量大、运费低、运行快、安全、准确性和连续性较高等特点。对于短途农产品运输,适宜选择汽车,因为汽车运输具有装卸方便、机动灵活、可直达仓库,以及对自然地理条件和性质不同的农产品适应性强等特点。对于鲜活农产品,可根据鲜活性、成熟度,选择具有相应保养条件的、速度较快的运输工具和运输方式。大宗耐储运农产品运输,适宜选择轮船,因为轮船运输运量大、运费低,虽然速度慢一些。对于那些特殊性急需的农产品运输,可利用飞机运输,因为飞机速度快,但是由于飞机运费太高,一般情况下不宜采用。液体农产品的特殊运输,可利用管道。管道运输虽然一次性投资大,但可获得长期收益,具有综合效益高、自动化程度高、安全可靠、运输损耗少、免受污染等优点。

民间运输工具是我国农产品运输不可忽视的重要力量。民间的各种运输工具数量多、分布广、使用灵活方便,在某些特殊情况下,是其他现代化运输工具所代替不了的。所以,在广大农村,特别是交通不便的边远地区,民间运输工具是必不可少的,尤其适宜零星分散的少量农产品的短途运输。

2. 采用直达、直线、直拨运输

直达运输是指将农产品从产地或供应地直接运送到消费地区、销售单位或主要用户,中间不经过其他经营环节和不转换运输工具的一种运输方式。采用这种运输方式运送农产

品，能大大缩短商品待运和在途时间，减少在途损耗，节约运输费用。农产品，尤其是易腐易损农产品的运输，应尽可能采用直达运输方式。有些农产品，如粮食、棉花、麻、皮、烟叶等，虽然耐储运，但由于供销关系比较固定，而且一般购销数量多、运量大、品种单一，采用直达运输方式也很适宜。在组织农产品直达运输中，应当和"四就直拨"（就地、就厂、就站、就库直接调拨）的发运形式结合起来，灵活运用，其经济效益会更好。

直线运输是指在农产品运输过程中，从起运地至到达地有两条以上的运输路线时，应选择里程最短、运费最少的运输路线，以避免或减少迂回、绕道等不合理运输现象。直线运输和直达运输的主要区别在于：直线运输解决的主要是缩短运输里程问题，直达运输解决的主要是减少运输中间环节问题。在实际工作中，将二者结合起来会收到双重效果。所以，通常合称直达直线运输。

直拨运输是指调出农产品直接在产地组织分拨各地，调进农产品直接在调进地组织分拨调运。直拨运输一般适用于品种规格比较简单、挑选空间不大的大宗农产品运输。

3. 中转运输

中转运输通常是指农产品集散地的批发机构，将农产品集中收购起来，然后再分运出去。中转运输也是组织农产品运输的一种必要方式，有许多功能：可以把分散收购的农产品集中起来，再根据市场需要转运各地，有利于农产品经营单位按计划组织调拨；可以根据农产品的收购、储存情况和市场需求的缓急程度，正确编制运输计划，提高农产品运输的计划性；便于选择合理的运输方式、运输路线和运输工具，开展直达、直线、直拨运输，使农产品运输更加合理化。

4. 大力开展联运

联运是指两种以上的运输工具换装衔接，联合完成农产品从发运地到收货地的运输全过程。联运的最大特点是，农产品经营部门只办理一次手续即可完成全过程的托运。现阶段我国的联运主要是水陆、水水（江、河、湖、海）、陆陆（铁路、公路）联运和航空、铁路、公路三联运。

开展农产品联运，既适应我国交通运输的客观条件和运输能力，也符合农产品产销遍布全国、点多面广的特点。只要联运衔接合理，就可缩短待运时间，加速运输过程。组织联运是一项复杂工作，在组织农产品联运时，购销双方要和交通运输部门密切配合，加强协作，提高联运的计划性、合理性；要通过签订联运合同，落实保证联运顺利进行的措施和责任，以提高联运效果。

5. 大力发展集装箱运输

集装箱是交通运输部门根据其运输工具的特点和要求，特制的装载商品的货箱。我国铁路运输集装箱有 1～30 吨的几种不同规格。选用时，要根据农产品的重量和用以装载的车型来确定，以求装满载足、减少亏吨。

集装箱运输过程机械化、自动化操作程度高，是现代化的高效运输形式。采用集装箱运输，有利于保证商品安全，简化包装，节约装载、搬运费，加快运输速度，便于开展直运和联运。集装箱运输适应农产品易腐易变的特点和运输要求，应大力发展。

6. 提高运输工具的使用效率和装载技术

运输工具的使用效率，是指实际装运重量与标记载重的比率。提高运输工具使用效率的要求是：既要装足吨位，又要装满容积，这就要求必须提高装载技术。提高运输工具使用效率和装载技术可以挖掘运输工具潜力，运送更多的商品，降低运输成本，节约运费开支。

提高运输工具使用效率和装载技术的主要途径包括：①改进包装技术。比如，对轻抛物资科学打包，压缩体积，统一包装规格等。②大力推行科学堆码和混装、套装等技术。要根据不同农产品、不同包装和不同运输工具的情况，大力推行科学堆码和混装、套装等技术。这些技术，都是当前充分利用运输工具的容积和吨位、扩大技术装载量比较切实可行的措施。如把轻抛商品和实重商品合理地配装起来，就能收到车满载足的良好效果。③改进装载方式方法。如粮食运输由袋装改为散装，不仅节约了大量包装费，也大大提高了装载量。④大力组织双程运输。减少运输工具空驶；组织快装、快卸，加速运输工具周转。

7. 推广冷链运输

冷链运输是指对鲜活农产品从始发地运送到接受地，每一环节的转运或换装都保持在规定的低温条件下进行。比如鲜鱼的运输，就应用冷藏船运到冷藏汽车，再运到冷藏火车，下站后再用冷藏汽车运到冷库。冷链运输能抑制微生物繁殖和细菌的活动，防止农产品腐变和减少在途损耗。

（二）农产品的配送模式

农产品物流配送是指根据农产品消费者的需求，在农产品配送中心、农产品批发市场、连锁超市或其他农产品集散地进行加工、整理、分类、配货、配装和末端运输等一系列活动后将农产品交给消费者的过程，主要包括农产品供应商配送和超市连锁配送。其中，前者主要包括农产品配送企业、农产品批发市场、农产品生产者的专业协会等配送主体向超市、学校、宾馆和社区家庭等消费终端配送农产品的过程，而后者主要是经营农产品的超市由总部配送中心向各连锁分店和其他组织配送农产品的过程。

由于农产品的特性以及产销地域广阔分散的特点，对农产品物流规划、方式和手段提出了比较高的要求，这个物流过程也是农产品实现其市场价值的关键环节。作为现代物流的新业态，农产品物流统一组织货源，进行检验检疫、整理清洗、分拣包装，根据订单要求直接送到消费者手中，完成农产品从"田间"到"餐桌"的全程服务，具有安全、高效、便利的特点。在农产品物流整个过程中，农产品配送中心的选址决策至关重要。农产品配送中心是连接农产品生产基地与消费者的纽带，其选址往往决定着农产品物流的配送距离和配送模式，进而影响着农产品物流系统的运作效率。

一般农产品的配送模式有如下三种。

1. 农超对接

农超对接即农产品生产与超市直接对接，市场需要什么，农民就生产什么。具体而言就是农户和商家签订意向性协议书，由农户向超市、菜市场和便民店直供农产品的新型流通方式，主要是为优质农产品进入超市搭建平台。

"农超对接"的本质是将现代流通方式引向广阔农村，将千家万户的小生产与千变万化的大市场对接起来，构建市场经济条件下的产销一体化链条，既可避免生产的盲目性，稳定农产品销售渠道和价格，还可减少流通环节，降低流通成本，实现商家、农民、消费者共赢。

2. 农社对接

农社对接即由农田到社区居民楼下的点对点的直销模式，具体而言就是农民专业合作社在城市社区开设直销店、连锁店，面向社区居民直供直销合作社生产的农副产品，主要是为优质农产品进入社区搭建平台。农社对接是在农超对接基础上发展演变而来的，进一步减少了农产品流通环节，降低了流通成本，实现农民和消费者双赢。目前，已形成社区菜店（点）、车载市场、综合直销店和高端配送等多种类型的农社对接模式。

3. 农居对接或农家对接

农居对接或农家对接一般针对白领阶层和家中有老人、小孩、孕妇的家庭，以及中高收入家庭，主要配送净菜、营养套餐菜系、有机蔬菜、有机农产品、有机禽蛋、有机肉类等。

第三节 农产品营销

农产品营销在我国尚处于起步阶段。改革开放以来，伴随着商品农业的发展和农业劳动生产率的迅速提高，我国农业从生产型、数量型、自给型向品质型、效益型、商品型过渡。目前，我国农业仍处于从传统农业向现代农业发展的转型时期，农产品营销发展滞后，主要体现在农民的营销观念淡薄、市场营销体系不健全、营销主体缺位、营销模式单一、市场信息不畅通等方面。因此，加强培育农民的现代市场营销意识，规范农民的经营行为，积极开拓国际市场，借助网络营销平台，对扩大农产品交换，促进农业增效、农民增收具有重大意义。

一、农产品营销的概念及特点

（一）农产品营销的概念

农产品营销是市场营销（指个人和群体通过创造并同他人交换产品的价值，以满足需求和欲望的一种社会过程和社会管理过程）的重要组成部分，是指农产品生产者与产品市场经营者为实现农产品价值进行的一系列的价值交换活动。

农产品营销的根本任务就是将生产出来的农产品以合理的价格、适当的流通渠道销售给消费者，以此解决生产与消费的矛盾，满足人们生产或生活的需求。

（二）农产品营销的特点

1. 农产品市场主体规模小且分散

当前我国农业生产仍以农户为主，生产规模小而分散，市场谈判能力较差，对市场信息的收集、分析能力的欠缺又导致生产存在很大的盲目性，从而造成了农产品供给周期性波动的现象。规模小而分散的市场主体也使得农产品的流通环节过多，且运输环节难以形成规模经济。

2. 农产品经营风险较大

农产品经营风险主要表现为市场风险和非市场风险两类。由农产品市场供求关系变化导致的为市场风险，而由于自然灾害、经营环境恶劣等造成的则为非市场风险。由于农产品批发市场价格波动幅度较大，致使从事农产品批发业务的中间商承担了较大的市场风险。农产品价格剧烈波动的原因在于：第一，鲜活、易腐类农产品不耐储存的特性，要求从产地运到销地批发市场后，无论高价低价，都必须在较短时间内出售；第二，规模小而分散的农产品市场主体在生产经营决策上的盲目性和机会主义，加重了批发市场农产品供需间的不平衡；第三，农产品批发商无法及时准确地获得市场行情信息也会导致农产品价格的波动，增加了农产品经营者的市场风险。

3. 缺乏促进农产品品质优化的流通机制

当前我国的农业生产中对化肥、农药的依赖性仍然较强，导致我国农产品虽然总体产量较大，但内在品质不高。近年来，随着人们生活水平的提高和绿色健康生活理念的普及，发展绿色有机农业成为一种必然的趋势。但是在目前的农产品市场上，农产品的供给者与购买者之间在产品内在品质上的信息不对称,导致了一般农产品将优质农产品排挤出市场的逆向选择。

4.受政府宏观调控的影响较大

农产品是关系到国计民生的重要产品,由于农户分散的生产,且抵御市场风险能力有限,政府都会实施扶持农业生产的政策来对农业生产和经营进行宏观调控,从而会对农产品市场的供需产生巨大的影响。

二、农产品营销策略

(一)农产品目标市场营销

目标市场营销是指企业识别各个不同的购买者群体,选择其中一个或几个作为目标市场,运用适当的市场营销组合,集中力量为目标市场服务,满足目标市场的需要。农产品目标市场营销通常由三个步骤组成:农产品市场细分、农产品目标市场选择和农产品市场定位。

1.农产品市场细分

农产品市场细分,就是根据农产品总体市场中不同地域的消费者在需求特点、购买行为和购买习惯等方面的差异性,将农产品总体市场划分为若干个不同类型的消费者群的过程。每一个消费者群构成一个有相似需求和欲望的细分市场。农产品市场细分是对消费者的不同需求或行为的分类,而非对产品或企业的分类。

(1)农产品市场细分的标准

作为消费者市场的重要组成部分,农产品市场细分也依据常用的四大细分变数。

第一,地理细分。地理细分是根据消费者所处的地理位置和地理环境来细分消费市场,细分标准包括地区、人口规模、人口密度、气候、地形、交通等指标。其细分依据是:生活在不同地理位置的消费者,对农产品有着不同的需求和偏好。说"一方水土养一方人""靠山吃山,靠水吃水"等俗语都蕴含了地理位置不同对人们饮食偏好的影响。

企业可以选择一个或几个地区经营,也可在整个地区经营,但应注意地区间消费需求和欲望的差异性。企业应努力使自己的产品、营销活动适应个别地区、城市甚至居民的需要。

第二,人口细分。人口是市场三要素之一,人口细分是指根据消费者的年龄、性别、职业、家庭、家庭生命周期、种族、宗教信仰、收入、教育、民族和国籍等人口统计变量,将市场划分为若干个不同的群体。人口变量是农产品市场细分的重要标志,也是四大变量中最容易测量的。

例如，在一般情况下，收入与受教育水平越高，人们就越注重营养、质量与安全，因此可将农产品市场按照质优价高的标准来细分市场，如"有机蔬菜""绿色农产品"等就能满足那些高收入且偏好优质农产品的消费群体。

第三，心理细分。指按照人们的个性或生活方式等变量对农产品市场进行细分。随着社会经济的发展以及人们生活水平的提高，特别是在生活比较富裕的地区，人们选购农产品受心理因素的影响越来越大。所谓"萝卜青菜，各有所爱"，表达的就是心理变量对购买行为的影响。由于消费者的需求具有可诱导性的特点，企业可以采取一些措施来刺激人们的购买欲望，进而使其产生购买行为。例如，农产品生产流通中一些不规范的做法，造成农产品质量安全问题频发的信息会影响人们在购买农产品时的销售场所的选择，规范化运营的大型商超就成为人们购物的首选。

第四，行为细分。行为细分是按照消费者的购买行为因素，如使用情况、购买习惯、追求的利益、使用状况和使用频率、品牌忠诚度等对市场进行划分。例如，根据消费者追求的利益，可分为追求品质、经济、服务、舒适、耐用等；依据消费者的忠诚度，可分为无忠诚、一般忠诚、强烈忠诚、绝对忠诚等。行为细分变量中对农产品消费者影响最大的是品牌，尤其是农产品加工市场中品牌影响甚大。

（2）市场细分须注意的问题

第一，市场细分的细分变数并非一成不变，而是动态的，要随着社会生产力与市场供求状况的变化而灵活变动。

第二，由于企业间的生产技术条件、营销资源状况和产品情况等存在区别，对同一市场进行细分时不同的企业应采用不同的细分标准。

第三，企业市场细分的方法，可以采用单因素细分法、综合因素细分法或系列因素细分法。

2. 农产品目标市场选择

农产品市场细分的目的在于有效地选择并进入目标市场。农产品目标市场是指农业企业或农产品营销组织决定进入并为其服务的农产品市场。农产品目标市场的选择一般是在市场细分的基础上，选择某一个或几个细分市场作为营销对象。

（1）目标市场应该具备以下几个条件

第一，要有适当的规模和发展潜力。作为农产品目标市场，首先要有一定的规模，即足够数量的顾客，能够保证企业有利可图。而且，目标市场要有一定的发展潜力，要适应企业长远的发展战略。

第二，要有一定的购买力。只有具备了一定的购买力的需求才是企业现实的市场，才能给企业带来足够的销售收入。企业在确定目标市场时，首先要进行消费者购买力分析，即使有潜在需求，但并不具备购买力的市场，是不能作为目标市场的。在分析购买力时，一方面要分析消费者的收入和经济实力，另一方面还要研究其不同的消费偏好和倾向。

第三，市场尚未被竞争者控制。企业确定目标市场时还要考虑市场的竞争状况，如果市场尚未被竞争对手完全控制，企业在该市场仍有发挥竞争优势的空间；如果竞争对手仅是表面上控制了市场，而企业自身实力较为雄厚，则仍然可以设法进入该市场参与竞争，以竞争与协作并举，配合公关和行政等手段，取得在市场中的一席之地。

第四，符合企业经营目标和资源能力。企业选择目标市场时还要重点考虑企业现有的资源条件和能力所擅长的和所能胜任的，只有当企业的人力、物力、财力以及管理水平等条件具备时，才能将某一子市场作为自己的目标市场。

（2）目标市场营销策略

在许多可供选择的细分市场中，企业是选择一个还是多个细分市场作为目标市场，是企业营销的重要战略性决策。通常有以下三种策略可供选择。

第一，无差异性市场营销策略。是指企业在进行市场细分后，不考虑各个细分市场间的差异性，而只注重细分市场需求的共性，把所有子市场即农产品市场的总体市场作为一个大的目标市场，只推出一种农产品并制定单一的市场营销组合，力求在一定程度上满足尽可能多的顾客需求。当消费者对农产品的需求差异不大时，适合采用无差异性市场营销策略。

无差异性市场营销的优点是：由于产品单一，可以实现大批量规模化生产、储存、运输和销售，因而可以降低单位农产品的成本，提高其市场竞争优势。其缺点是：单一的农产品无法满足消费者多样化的需求；一旦有竞争者提供了差异化的产品，就会造成顾客的大量流失；企业过于依赖单一产品，其市场适应能力较差，承担着较大的市场经营风险。

第二，差异性市场营销策略。是指企业针对各细分市场中消费者对农产品的差异性需求，生产不同的农产品，并运用不同的营销组合，以满足不同子市场的需求。该策略适用于从事多种经营的大型农业企业，小型农业企业和单个农业生产者不适宜采用该策略。

差异性市场营销策略的优点是：通过生产经营多种农产品去满足不同消费者的需求，有利于扩大农产品的销售，提高企业总销售量，从而增加销售收入和利润。其缺点是：企业投资大，生产经营复杂，单位农产品的生产成本及经营销售费用高。

在农产品市场产品同质化水平较高的情况下，采用差异性市场营销策略对企业而言意义重大。采用该策略时，企业进行的是小批量、多品种的生产，如面粉生产者推出加工程度不同、规格不同和系列包装的面粉，猪肉生产者生产分割肉，等等。采用这一模式的农

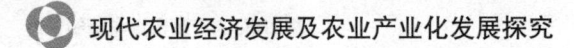

业生产者,特别是规模较小的农业生产者,不宜将目标市场分得太细,因为过细的差异化营销会带来较高的营销费用。

第三,集中性市场营销策略。是指企业集中全部资源和力量,仅选择一个或少数几个性质相似的子市场作为目标市场,只生产一种较理想的农产品,实行专业化经营,力求在较少的子市场上获得较大的市场占有率。该策略一般为资源条件较差的企业或单个农业生产者所采用,如开发特色农业、生产特色农产品等。

集中性市场营销策略的优点是:企业将资源集中于少数子市场,有利于其快速占领市场,树立产品和企业的良好形象,能够节约营销费用,并获得较高的投资利润率。其缺点是:目标市场狭窄,企业产品单一,不能应对市场需求变动的风险。

该策略是农产品生产中普遍存在的一种模式,例如,种植加工专供肯德基炸薯条用的土豆品种,养殖专供中高档饭店用的基围虾品种等。

3. 农产品市场定位

农产品市场定位是指农业经营者根据竞争者现有产品在市场上所处的位置,针对消费者对该产品某种特征或属性的重视程度,强力塑造本企业产品与众不同的鲜明个性或形象,并把其形象生动地传递给顾客,从而确定该产品在市场上的适当位置。

农产品的特色和形象可以通过产品实体方面体现,也可以从消费者心理方面反映出来,还可以从价格水平、品牌、质量、档次、技术先进性程度等方面体现出来。

(1) 农产品市场定位的步骤

第一,分析目标市场的现状,确定本企业潜在的竞争优势。企业营销人员通过调查分析,了解熟悉目标顾客对于农产品的需求及其欲望的满足程度,了解竞争对手的产品定位情况,分析顾客对于本企业的期望,得出相应的研究结论,从中明确本企业的潜在竞争优势。

第二,准确选择竞争优势,对目标市场初步定位。企业应从经营管理、技术开发、采购供应、营销能力、资本财务、产品属性等方面与竞争对手进行比较,准确地评价本企业的实力,确定相对优于对手的竞争优势。

第三,准确传播独特的竞争优势。企业通过一系列的宣传促销活动,将其独特的竞争优势准确地传达给潜在顾客,并在顾客心目中留下深刻印象。首先,企业应使目标顾客了解、认同、喜欢和偏爱本企业的市场定位;其次,企业通过一切努力强化目标顾客的形象认知,稳定目标顾客的态度和加深目标顾客的感情来巩固市场定位;最后,企业还应密切关注目标顾客对市场定位理解的偏差,或企业市场定位宣传的失误所造成的目标顾客认知模糊、混乱和误会,及时调整与市场定位不一致的形象。

（2）市场定位的策略

第一，避强定位策略。是指企业力图避免与实力最强的或较强的其他企业直接发生竞争，而将自己的产品定位于另一市场区域内，使自己的产品在某些特征或属性方面与最强或较强的对手有比较显著的区别。

避强定位策略的优点主要是：能够使企业较快速地在市场上站稳脚跟，并能在消费者或用户心目中树立起一种形象；市场风险较小，成功率较高。其缺点主要是：避强往往意味着企业必须放弃某个最佳的市场位置，很可能使企业处于最差的市场位置。

第二，迎头定位策略。是指企业选择靠近于市场现有强者企业产品的附近或与其重合的市场位置，与强者企业采用大体相同的营销策略，与其争夺同一个市场。

迎头定位的优点主要是：竞争过程中往往相当惹人注目，甚至产生所谓轰动效应，企业及其产品可以较快地为消费者或用户所了解，易于达到树立市场形象的目的。其缺点主要是：具有较大的风险性。

第三，创新定位。是指企业寻找新的尚未被占领但有潜在市场需求的位置，填补市场上的空缺，生产市场上没有的、具备某种特色的产品。

第四，重新定位。是指企业为已在某市场销售的产品重新确定某种形象，以改变消费者原有的认识，为产品争取有利的市场地位的活动。当企业的产品在市场上的定位出现偏差、产品在目标顾客心中的位置和企业的定位期望产生分歧、消费者偏好发生变化时，企业往往需要考虑重新定位来摆脱困境。市场重新定位对于企业适应市场营销环境的变化是必不可少的，但在进行重新定位时，必须考虑到由此产生的成本及预期效益。

（二）农产品市场营销组合

1. 农产品市场营销组合的概念

农产品市场营销组合是指农业经营者为了扩大农产品销售，实现预期销售目标，对可控制的各种营销因素进行的合理组合与运用。在20世纪50年代初，根据需求中心论的营销观念，美国的麦卡锡教授把企业开展营销活动的可控因素归纳为四类，即产品（product）、价格（price）、销售渠道（place）和促销（promotion），提出了市场营销的4P组合。到80年代，随着大市场营销观念的提出，美国营销专家菲利普·科特勒提出把政治力量（political power）和公共关系（public relation）也作为企业开展营销活动的可控因素加以运用，为企业创造良好的国际市场营销环境，从而形成市场营销的6P组合。

2. 农产品营销组合策略

（1）产品策略

产品策略是指农业企业或农产品经营者根据目标市场的需要做出的与农业新产品开发有关的计划和决策。一般包括农产品的效用、质量、外观、式样、品牌、包装、规格、服务和保证等。

产品策略是市场营销战略的核心，其他策略——价格、渠道、促销策略等，都要围绕产品策略展开，离开了产品，就无法满足消费者的需要，其他营销活动也就无从谈起。所以，农产品策略是农产品市场营销组合策略的基础。农产品策略具体可包括：

第一，开发优质农产品。我国农产品长期存在产品同质化和价格较低的现象，而优质农产品相对不足。随着人们收入水平的提高及消费观念的改变，对优质农产品的需求越来越大。开发适销对路的优质绿色农产品，既能满足消费者的需要，又能提高农产品的附加值，有助于农民收入增加。

第二，注重农产品的包装设计。农产品包装在农产品营销中具有双重作用，即对农产品的保护和促进销售的作用。精心设计符合农产品特色的包装既可以保证农产品的品质，延长农产品的储存时间，又增加了农产品的美观度，提高产品档次和附加值。

第三，打造农产品品牌。随着社会经济的发展，人们在消费中越来越注重个性化。消费者在选购农产品时也非常注重品牌的选择，也偏爱购买具有较高知名度品牌的农产品。因此，农产品经营者要树立品牌意识，培育强势品牌，提供差异性产品，增强农产品的市场竞争力。

（2）定价策略

定价策略是指农业企业或经营者销售农产品和提供劳务服务所实施的决策安排，一般包括农产品的基本价格、折扣、付款方式和信贷条件等。

定价策略是市场营销组合中最活跃的因素，企业定价既要考虑消费者的支付能力，又要考虑企业的成本补偿和利润水平。

农产品的定价应在充分考虑各种因素的前提下，以成本为底线，遵循优质优价的原则，对优质、特色农产品制定高价。针对农产品易腐、不易长时间储存及消费弹性小的特征，农产品的定价具有较强的灵活性。

（3）渠道策略

渠道策略是指农业企业或经营者为了使其产品进入和达到目标市场所进行的各种活动，包括农产品流通的途径、环节、场所、储存和运输等。其中销售渠道是营销组合的重要因素，而且极大地影响着企业营销组合的其他因素，常见的农产品销售渠道有如下几种：

第一，专业市场。这是最常见的农产品销售渠道，是指通过影响力大、辐射力强的农产品专业批发市场，集中销售农产品。它的优势在于销售集中、吞吐力强、信息集中处理和反应迅速。

第二，贸易公司。指通过各种区域性销售公司销售农产品。贸易公司作为农产品销售的中间商，有其自己的利益要求，农业经营者要重视渠道伙伴关系，充分关注中间商的利益，最大限度地调动他们的积极性，实现双赢共处。

第三，大型超市。指通过大型超市的农产品专柜销售农产品。随着经济的发展，顾客的购买方式发生了变化，越来越多的顾客习惯到大型超市集中购买商品，超市中的农产品专柜能够吸引广大的顾客，有利于提高优质农产品的档次。

第四，直接销售。农业经营者可以直接销售农产品。

（4）促销策略

促销策略是市场营销组合的重要组成部分，在企业的营销活动中具有十分重要的作用。农产品的营销对于促销策略的运用要慎重，最重要的是要围绕营销目标合理预算促销费用，在促销预算范围内有选择地运用人员推销、营销广告、营业推广和公共关系等促销手段进行促销。

三、农产品国际市场营销

农产品国际市场营销是指超越本国国界的农产品营销活动。世界上任何一个国家或地区的农产品市场，都是世界农产品市场的组成部分，农产品国际市场是各国开展农产品贸易的空间平台。

目前，我国的农产品生产已经实现总量平衡、丰年有余。虽然我们要以扩大内需为主，但是也要重视参与国际市场竞争，扩大我国优势农产品如蔬菜、水果、花卉和畜产品的出口。

为提高我国农产品在国际市场上的竞争力，突破种种挑战，农产品营销者应加强对农产品营销组合策略的研究和运用，其中突出经营特色是农产品国际营销面对挑战的必然选择。所谓特色经营是指农产品国际营销企业在市场营销差异化战略思想的指导下，在所经营的产品、品牌提供的价格、服务及采取的分销、促销措施等方面扬长避短，在国际农产品竞争中将整体劣势变为局部优势，赢得市场发展空间。特色经营能够优化企业的资源配置，提高资源的使用效率，获得较高的经济效益，有利于企业进行正确的目标市场定位，使企业的经营和管理水平得到提升，最终确立在世界市场上独特的经营品牌和风格。农产品特色经营主要表现为以下几方面。

（一）产品特色

产品特色是指向国际市场提供区别于其他国家和地区的差异性产品，以满足不同国家或地区市场的特殊需求，并建立起在该区域的市场优势。集中资源发展特色农业，培育具有国际比较优势的农产品是农产品特色经营的基础，其中包括：

1. 结合资源条件，发展精细农业

我国幅员辽阔，物种丰富，各地的自然地理环境和特色农产品各有不同，因此要充分发挥各地的特色优势，寻求各地的最大比较优势，定位农产品的最佳经营品种，把资源优势转变为市场优势，努力把农业办精、办特、办活。

2. 积极发展劳动密集型的特色种养业

如大力发展水果、蔬菜、花卉和畜产品等，因为我国在这些农产品的出口上具有明显的价格优势，特别是畜产品出口占农产品出口总量的40%，竞争优势明显。

3. 开发同一产品的不同用途，满足差异化的需求

针对各种用途而生产的农产品，经合理调配后可开拓更为广阔的市场。比如不同品种的柑橘，有专门供应水果市场的，有专门用来生产加工果汁的。

（二）品牌特色

品牌代表着销售者对交付给购买者的产品特征、利益和服务的一贯性的承诺，久负盛名的品牌就是质量的保证。品牌特色就是农产品经营者在国际市场营销中打造具有较高知名度和个性特征的品牌。强化品牌经营是农产品国际营销的正确选择。品牌经营有利于促进产品销售，树立产品形象；有利于满足消费者品牌消费的心理和精神需求，培育顾客的忠诚度；有利于带动新产品的销售，扩大产品组合。

打造农产品品牌的方式：①改善和提高农产品品质是树立品牌特色的关键。要坚持以优良的品种、优质的品质去拓展市场，创立农产品的质量品牌。②发展农业龙头企业，培育知名品牌。要大力发展具有品牌效应、规模效益的农产品加工龙头企业，以农产品加工业的发展带动种养业的发展；要优先鼓励农产品深加工特别是外向型深加工企业，提高农产品附加值，增强国际市场竞争力。

（三）价格特色

价格是国际市场营销中十分敏感而又难以控制的因素，它一方面关系着市场对产品的接受程度，另一方面制约着市场需求和产品利润的高低，影响生产经营者和消费者等各方面的利益。农产品国际营销主要应注意差别定价策略的运用，形成自己的价格特色。

1. 同类产品的差别定价

要对同类产品实行分级分等，按照不同等级制定高低不同的价格，"一分钱一分货"，按质论价的做法能使消费者产生货真价实的感觉，从而比较容易接受，有利于扩大农产品的销量。在对农产品进行分级时，除了考虑农产品的内在品质，即提供给消费者的基本效用外，还应考虑农产品的包装、装潢、附加服务等给消费者带来延伸效用的因素。国际农产品经营者应注重开发产品的延伸效用，为购买者提供比同类产品更多的购买利益，这样可以从产品较高的定价中获取更多的附加利益。

2. 进行国际市场细分，实行区域差别定价

农产品国际营销者应对全球市场进行细分，根据不同国家和地区的消费者的收入水平、消费偏好、消费心理等因素，实行区域差别定价。

（四）渠道特色

渠道特色是指选择与自身经营条件相适应的销售渠道。农产品经营者应选择有丰富国际营销经验的经销商与之联合经销，或委托国际中间商代理分销，以弥补农产品经营者国际营销经验的不足，快速开拓国际市场。

我国农产品开辟国际市场可取的办法是与国际农产品经营企业开展联合分销，外联国际市场，内联国内生产基地，积极寻求与跨国公司建立业务伙伴关系。借助跨国公司的全球营销网络是一种必然的选择，例如，大型跨国零售企业沃尔玛、家乐福等就将我国的大批农产品纳入其全球采购体系，通过其分布在多个国家和地区的分店在全球市场进行售卖。

（五）促销特色

促销是企业在买方市场条件下占领市场的"金钥匙"。农产品经营者在促销手段的运用上应避免雷同和缺乏特色，要采用灵活多样、针对性强的促销方式，使促销活动成为强有力的竞争武器。

在我国农产品的国际营销中，应特别重视国际公共关系和广告策略的使用。在国际公共关系方面，要充分利用世界贸易组织规则提供的有利条件，积极寻求与主要农产品进口国签订贸易协定，为农产品长期稳定地进入国际市场铺平道路。在广告宣传上，要突出我国农产品的特色，同时可配合宣传中国的民族文化和风俗习惯，激发消费者的购买欲望。由于我国农产品以农户经营为主，没有条件独立进行促销宣传，这就需要政府以官方或半官方的形式牵头，由农产品经销商组团，向各国的政府官员、工商界和消费者宣传中国的产品及营销政策，提高我国农产品在国际市场的影响力和竞争力。

四、农产品网络营销

（一）农产品网络营销的概念

伴随着计算机科学技术和互联网技术的飞速发展和广泛应用，现代社会已经进入信息时代，信息网络正在深刻地影响着农业的发展。随着我国信息化工程的不断推进，农产品的网络营销越来越被广大的农产品生产者与经营者所接受。

农产品网络营销是指在农产品销售过程中，全程导入电子商务系统，利用网络技术、信息技术和计算机技术等，对农产品的质量、需求、价格等信息进行发布与收集，以互联网为媒介，依托农产品生产基地与物流配送系统，为地方农产品提升品牌形象、增进与顾客的关系、改善对顾客的服务、开拓网络销售渠道，并最终扩大农产品的销售，提高农民的收入。

（二）农产品网络营销的优势

1. 有利于及时获取产品的市场信息

农产品供需信息的不对称加大了我国农产品的市场交易风险，而依托互联网构建的网络信息平台能够及时地将农产品的产品信息、供需状况、价格和市场行情等信息向社会公众发布，加快了农产品的信息传播速度，一定程度上缓解了传统农产品销售模式中信息不对称的问题，提高了买卖双方之间信息沟通的时效性和互动性。

同时，农业生产者可以通过互联网及时获取各类农产品的种植、养殖、生产和营销信息，并与其他同行或专家进行在线沟通交流，分享农产品生产的技术经验和营销经验，从而有助于制订科学的生产计划，降低盲目生产带来的经济损失。

2. 有利于降低交易成本和费用，提高生产效益

农产品网络销售模式为农业生产者搭建了直接与需求方进行交易的平台，通过网络与需求方直接联系，可以绕过中间商等环节，缩减了农产品交易过程中的谈判成本；借助自动的网上订货系统，可以自主地组织生产和配送，减少了对传统实物设备的依赖，降低了店面管理费用和销售人员费用等支出；另外，农户还可以网上购买种子、化肥等生产资料，实现生产采购成本的降低。

3. 有利于扩大市场规模，打造品牌效应

通过互联网，农业生产者可以自主进行产品信息的发布，极大地拓宽了产品的市场空间，增加了产品的销售机会，还可以通过网络销售平台将分散化的农产品交易信息进行融合，实现同类产品生产的规模化运作。网络营销的线上服务模式可以满足不同时空、不同

地区需求方的需要。只要顾客有订单需求，就可以实时在线进行交易，提高了订单的成交速度。另外，网络环境下产品信息传播的速度及网络多媒体在声音、文字和图画方面的优势，都有助于农产品的形象宣传和品牌建立，提高品牌知名度。

（三）农产品网络营销模式

1. 平台提供商模式

第三方平台提供商核准具有法人资质的农产品经营者开店、进行农产品交易和服务的权限，其自身并不参与买卖交易过程，类似实体经济中的农贸市场，产品销售职能由加入平台的农产品卖家独立承担。此模式对要求开展农产品电子商务的农产品经营者主体的信息服务意识、管理能力、经营水平等基础条件要求较高；第三方平台拥有较好的扩展性，经营主体可随时增加新的店铺、发布新的产品，积极开展农产品电子商务，有助于迅速扩大农产品电子商务规模；农产品经营者自主性强，可以随时调整商品价格，及时回笼交易资金。在该模式下，产品的物流配送仍须借助专业物流企业完成，平台提供商仅提供物流配送信息的跟踪和更新。另外，这种模式无法对农产品的品质安全进行有效监管，主要依赖农产品经营者的自律。诸如天猫、京东等知名电商企业就是采用这种模式，使其吸引了众多农产品合作社、农产品经营商家入驻。

2. 销售商模式

该模式由第三方平台提供商代理农产品的销售职能，农产品企业只负责提供产品。在该模式下，平台提供商可以凭借自身的电子商务经验，为经营企业提供有针对性的宣传、交易和交流沟通服务，解决网上店铺信息更新慢、内容简单、缺乏吸引力等问题，在一定区域范围内提供完整的物流配送服务并设立农产品质量安全准入机制。

第五章 农业产业化发展理论

第一节 农业产业化的概念与意义

一、农业产业化的概念

农业产业化是以国内外市场为导向，以提高经济效益为中心，对当地农业的支柱产业和主导产品，实行区域化布局、专业化生产、一体化经营、社会化服务、企业化管理，把产供销、贸工农、经科教紧密结合起来形成"一条龙"的经营模式。

从农业产业化形成的雏形及农业产业化的概念来看，农业产业化包含四层意思：第一，农业产业化发展要以市场为导向，根据市场需求将农业生产、加工、贸易等诸多环节与市场需求紧密结合；第二，实行集种植养殖业、加工、产供销、农工贸于一体的产业化经营；第三，保障农产品销售渠道畅通，促进农业增收；第四，体现生产专业化、布局区域化、经营一体化、服务社会化、管理企业化。实际上是按照社会主义市场经济体制的要求，全面地、系统地提高农业和农村经济的战略思想和实际运作。简言之，农业产业化的实质是当前农业及农村经济发展的一种经营模式。

农业产业化是以市场为导向，以效益为中心，依靠龙头企业带动和科技进步，对农业和农村经济实行区域化布局、专业化生产、一体化经营、社会化服务和企业化管理，形成贸工农一体化、产加销一条龙的农村经济的经营方式和产业组织形式。简言之，就是指在改造传统的自给半自给的农业与农村经济和市场接轨的条件下，在家庭经营的基础上逐步实现农业生产的专业化、商品化和社会化经营管理。其基本类型主要有市场连接型、龙头企业带动型、农科教结合型、专业协会带动型。农业产业化的本质特征为：一是市场化，市场是农业产业化的原始动力；二是专业化，其生产、加工、管理、市场等均应实施专业化；三是集约化，实行集约化生产和管理，改变粗放经营模式，以求得规模效益；四是社会化，建立健全全方位、多层次、多功能的社会服务体系；五是一体化，即种养加、产供销、贸工农一条龙。

二、农业产业化发展应遵循的原则

（一）科技优先原则

科技创新是推进产业化经营快速发展、促进产业优化升级的动力之源。农业产业化的发展归根结底要靠科技进步和劳动者素质的提高。科技优先就要求企业优先做好科研攻关，采取产、学、研一体化发展，积极开展科技成果的推广与应用，带动整个产业链的发展。同时，要以技术为主线，不断向生产全过程扩展，形成自我服务、自我发展的生产经营体系。

（二）非均衡发展原则

迅速壮大龙头企业群，要避免建设上"平行推进"，重点在经济实力和技术实力相对雄厚、资源优势明显的地区进行布局和建设，实现重点产业或区域突破，带动整个产业发展。

（三）大农业经济原则

农业产业化的出现打破了传统农业的观点，实现向多种经营、整个区域经济延伸。在推进农业产业化时，实施科学种田、集约经营、提高单产、增加总产。要树立大农业经济观念和改革创新意识，破除传统、狭隘的小农经济意识。应用股份制和股份合作制，通过资金、土地、技术、设施、物资、品牌等入股，大力发展集团经济，使生产诸要素配置更加合理，形成更粗、更长的产业化链条。

（四）以市场为导向原则

要充分发挥市场配置资源的基础性作用，按照市场需求开发项目、组织生产，实现生产要素的优化组合。农业产业化是在市场经济条件下，解决当前一系列制约农业和农村经济发展深层次矛盾和问题的必然选择，是区别于传统农业生产方式和组织形式的一种新机制。市场机制的发挥是农业产业化发展的决定性因素。以市场为中心，建立健全市场体系，积极推动引导农民和农业产业化组织把握市场脉搏、抢抓市场机遇，提升产业效益。

（五）特色优先原则

在资源优势明显的地区，尤其是生态脆弱的中西部地区，农业产业化要十分注重走特色化发展道路。产业结构调整要立足于实际，因地制宜，合理布局。特色产品要发展壮大，提升产品竞争力。

（六）可持续发展原则

可持续发展是关系到子孙后代生存发展的百年大计。农业产业化发展一定要正确处理好发展速度、资源开发力度和环境承受能力三者之间的关系。严格执行项目准入制度和环境影响评价制度，坚决关停严重破坏生态环境的涉农企业。在生态功能保护区或生态脆弱区，实行优化开发；在生态环境严重退化和受保护区域范围内实行限制开发。同时，要大力推行生态农业和清洁生产模式，积极发展无公害产品、绿色食品和有机食品，实现经济效益、生态效益和社会效益的统一。

三、农业产业化发展的战略意义

（一）农业产业化发展，促进"三农问题"的解决

农业产业化经营实质就是发展特色经济和规模化经济，发展农产品精深加工，拉长农业产业链条，把企业经营引入农业领域，解决市场经济条件下农民面临的就业难和"小生产、大市场"的矛盾。利用技术、资金、人才和市场的结合，激活区域内的劳动力以及土地等资源，使农民增产增收。农业产业化经营模式中农户按龙头企业的订单生产，龙头企业搞加工转化增值，并在加工、流通等环节对农民进行二次分配，提高了农业的综合效益，成为增加农民收入的重要途径。走农业规模化经营道路，提高农业的比较效益，有利于解决现阶段农民增收难的问题。

（二）农业产业化在新农村建设中发挥积极的作用

1. 提高农户技术水平

我国农业要走向现代化需要解决农业技术、市场信息、投资进农村难和农产品与富余劳动力出农村难的现状。发展农业产业化经营就是通过龙头企业、农民合作经济组织把农业实用技术带到农村去传授给农户。培训新型农民，提高农民政策水平和科技文化素质，进一步提高广大农民建设新农村的本领，促进农村生产力水平的提高。

2. 推进农村体制创新

新农村建设的目标要求推进基层农村体制创新。农业产业化发展既符合党的基本政策，又符合现代农业发展方向。这种经营模式坚持了农村土地家庭承包责任制不动摇，发展龙头企业和农民的专业合作，延伸了农业产业链条，促进区域经济、规模经济的发展，是农业土地规模化经营的体制创新。

3. 提高农业市场化程度

农业产业化经营有利于千家万户小规模经营进入统一的大市场,提高农业市场化程度。

4. 推进传统农业向现代农业转变

农业产业化经营用现代科学技术和装备武装农业,加快农业科技进步,推进传统农业向现代农业转变。

（三）有利于合理开发利用自然资源,保护生态环境

农业产业化经营,其生产经营活动的区域化、专业化、规模化程度较高,有利于从总体上合理配置自然资源,便于环境保护监督管理,做到"靠山养山、靠田养田、靠水养水",实现资源永续利用,保护生态环境。

（四）有利于解决新时期面临的农业资源和市场需求的双重约束

市场对农产品多样化、优质化的要求愈益旺盛,按照传统方式生产的质次农产品与市场需求脱节,通过农业产业化经营,按照市场需求进行农产品加工,并根据加工工艺的需求组织农产品原料生产,把市场信息及时传递给农户,促进农民调整农业生产结构。这样既解决了农产品供需之间结构不对称的矛盾,又可使农产品转化增值,提高了资源利用效率。

第二节 农业产业化发展的理论基础

一、产业组织理论

产业组织理论是研究市场在不完全竞争条件下的企业行为和市场构造,是微观经济学中的一个重要分支。它是以特定产业内部的市场结构、市场行为和市场绩效及其内在联系为主要研究对象,以揭示产业组织活动的内在规律性,为现实经济活动的参与者提供决策依据,为政策的制定者提供政策建议为目标的一门微观应用经济学,其理论渊源可追溯到马歇尔的经济理论。该理论的研究目的是寻找最有利于资源合理分配的市场秩序和充分发挥价格机制功能的现实条件。在产业组织理论者看来,垄断是一定市场结构中的各种市场

行为产生的一种市场效果，影响市场结构和市场行为的主要因素是产品的差别化，新企业的进入壁垒，市场需求的增长率，企业的价格政策、产品政策、压制竞争对手的政策等。每个企业都追求规模经济，而每个产业的市场规模都不是无限的。这样，有限的市场规模和企业追求规模经济所产生的市场行为都会使市场结构趋向垄断。垄断的形成则会使少数企业通过企业间的合谋、默契、领导价格制和组成卡特尔等形式控制产业价格，形成扼杀竞争的垄断价格，破坏价格在合理分配资源上所起的作用，阻碍资源随供求关系移动，引起资源分配的"X非效率"，减弱企业改善经营管理和推动技术革新的动力，最后造成经济发展的停滞。因而，为了获得理想的市场效果，需要国家通过制定产业组织政策干预产业的市场结构和市场行为，通过降低卖者的集中度、减少进入壁垒、弱化产品差别化趋势、控制市场结构和通过反托拉斯法控制市场行为等抑制垄断的弊端，维护合理和适度的竞争秩序。现代产业组织理论在相当程度上依靠博弈论，其主要内容包括：市场的构造和组织，技术和市场构造，营销和信息的作用。其中市场的构造和组织的市场形式包括：完全竞争、垄断性竞争、垄断、寡头，以及产品的差别化、产业集中度、兼并、进入壁垒等。技术和市场构造包括研究开发、兼容性、标准，营销包括广告、产品质量、耐久期间、保障、定价战术、市场战术、价格差异化等；信息的作用包括政府补贴、政府管制、搜寻理论等。

产业组织理论是20世纪30年代以来在西方国家产生和发展起来的。最早的产业组织理论见于哈佛大学的梅森教授和其弟子乔·贝恩的相关研究中。马歇尔为产业组织理论的形成起到了重要的奠基作用。马歇尔在《经济学原理》一书中将组织和劳动、资本、土地一样看作是生产要素。马歇尔认为垄断在一定程度上阻碍了资源优化配置，降低了社会福利，但是垄断不是经济运行中的常态，垄断最终是要恢复到完全竞争状态的，在长期发展中市场价格机制的自发作用能够实现资源的最优配置。

随着产业组织理论的发展，西方产业组织理论在发展过程中出现不同的学派，如哈佛学派、芝加哥学派和新产业组织理论。哈佛学派的产业组织理论发起人是哈佛大学的梅森教授和其弟子乔·贝恩。20世纪50年代末期，乔·贝恩所著的第一部系统阐述产业组织理论的教科书《产业组织》出版，标志着哈佛学派正式形成。哈佛学派以实证的截面分析方法推导出企业的市场结构、市场行为和市场绩效之间存在一种单向的因果联系。市场结构的机密程度决定了企业的市场行为方式，而市场行为方式又决定了企业市场绩效的好坏。即产业组织理论特有的"结构行为绩效"分析范式，简称SCP。SCP分析范式，为早期的产业组织理论研究提供了一套基本的分析框架。20世纪70年代后期开始，以斯蒂格勒为代表的一些芝加哥大学学者在对哈佛学派的观点进行抨击的过程中，逐渐形成了产业组织理论的"芝加哥学派"。20世纪80年代以来，随着各国经济的外向型发展，世界经济一体化发展和国际经济贸易往来活动的加强，巨型跨国企业集团已成为现代产业结构的一个重要特征，西方国家的产业组织政策也日益向保护本国企业在国际竞争中的优势地位方面倾斜。在这样的背景下，产业组织理论领域发生了若干深刻的变化，提出了一系列新的理论和主张。

需求函数与成本函数的策略性行为和影响竞争者对事件估计信念的策略性行为。

策略性行为论。该理论主要包括影响未来市场需求函数与成本函数的策略性行为和影响竞争者对事件估计信念的策略性行为。

可竞争市场理论。代表性作品如《可竞争市场与产业结构理论》。该理论认为：只要市场是完全（或近似完全）可竞争的，潜在的竞争压力就会迫使任何市场结构中的企业采取竞争行为。政府应当放弃反垄断政策，并放松对某些垄断性行业的政府管制。

交易费用理论。该理论认为企业的边界不单纯由技术因素决定，而是由技术、交易费用和组织费用等因素共同决定，其主要观点为：①借助于资产专用性、有限理性和机会主义等概念，认为当市场交易活动产生的交易费用大于企业内部的组织费用时，企业规模应当扩大，企业之间应当实行兼并、联合；反之，企业规模应当缩小。②指出企业组织也是对资源进行配置的一种合理、有效的方式，企业组织这只"看得见的手"和市场机制这只"看不见的手"共同参与对资源的配置。

企业代理理论。集中探讨代理人目标偏离及其治理问题。如"现代企业外部约束机制"理论和"企业融资约束机制"理论。

二、比较效益理论

比较效益是指农业效益与工业效益之比较。在传统的农业生产方式下，我国农业经济在生产过程中的初级原料性产品生产、加工和深度加工、购销、服务等活动相互脱节，农业的产前、产中、产后环节严重脱节，并分归不同的行政部门管理，破坏了农业作为产业系列所应包括的各个环节间的内在联系，割断了农业生产环节与其前、后环节本应密切联系的利益分配关系，从而大大降低了农业比较效益。在农业产业化经营中，将农业产前、产中、产后各个环节联结起来形成一个完整的产业链条，同时把分散的农户与市场联系起来，实行生产、加工、销售、服务一体化经营，开展专业化、规模化、社会化生产，充分发挥组织协同和产业协同效应，加快农业技术的引进、推广和应用，提高农民素质，从而增加农业产业的市场竞争力，提高农业比较效益。

农业产业化经营提高农业比较经济效益是通过以下途径实现的：第一，农业产业化经营是通过降低农用生产资料的价格及其购置的交易、运输成本，降低其来源价格。农业产业化经营组织通过向农业生产产前环节的延伸，实现农业生产服务社会化，把分散农户零星的生产资料购置转化为批量购置，可以享受供货方的批发甚至出厂价格优惠以及送货上门服务，降低农用生产资料直接价格，并节约运输成本，省去分散农户零星购置的信息搜集、谈判和交易成本，从而使农用生产资料的总体价格水平明显降低。第二，农业产业化经营实现农业规模经营，降低了农业技术引进与推广的成本和效率。第三，农业产业化经营有助于农民素质的提高。生产力三要素中首要的要素是劳动者的劳动，劳动者素质的高低是决定生产力发展水平高低的重要因素。第四，农业产业化经营可以促进农业技术创新。农业产业化经营能够降低收入流水来源价格、提高劳动者素质、推进农业科技发展、形成规划及特色化经济发展模式，从而提高农业的比较经济效益。

三、利益共同体理论

共同体又称作集体。共同体成员有着共同的目标、声誉、利益和行动，它强调集体的共同性或公共利益。但是，当共同体的目标、声誉或名义被某些人利用而脱离其成员的共同利益和目标时，甚至成为损害其成员利益和价值追求的东西时，便成为虚幻的共同体。农业产业化经营是由多元经济主体组成，包括龙头企业、基地农户以及其他各种途径投资入股的经济组织或个人。这些经济主体通过产业链条和利益共同体形成合力，以追求更大的经济效益，形成"风险共担、利益共享"机制，成为利益共同体。

在农业产业化经营中，利益共同体管理模式，可能是农业产业化发展的最佳管理模式。因为企业是一种功利组织，企业为谁谋利益的问题必须解决，否则企业不可能长远发展。农业产业企业也不例外，它更需要解决为谁谋利益的问题。农业产业企业不仅要解决企业员工、各种入股人的经济利益问题，还要解决农产品原料供给者——基地农户的利益问题。虽然企业不具有承担解决农民致富增收的社会责任，但是农产品加工销售企业，若想得到充足的源源不断的高质量的农产品加工原料，就必须通过基地农户入股、协议等形式，将农户纳入企业利益共同体中来，降低基地农户的风险，保障基地农户利益，形成稳固的经济利益共同体，从而获得农户的长期支持与合作。

龙头企业和基地农户以及其他经济体形成稳固的经济利益共同体，实现公司双赢或多赢局面，农业企业就必须保障各参与主体对农业产业化经营系统的投入（劳动、资金、技术、产品、知识、专利）和他们在其中的资产产权得到承认，并从中获得合理的收益和回报。保障利益共同体的权益需要通过健全的制度，即需要逐步完善组织保障、制度保障、"非市场安排"、利益分配机制和运营约束机制。这五大制度建设，形成经济共同体的基本制度框架。其中"非市场安排"是农业产业化经营的特殊服务机制，是龙头企业与基地农户之间的特殊利益关系，其主要内容包括龙头企业提供给基地农户的资金支持、无偿或低偿服务、低价供应或赊销生产资料、保护价格、风险基金制度等。只有企业通过各种保障机制与基地农户结成了利益共同体关系，农业产业发展才算真正实现了农业产业化经营。

四、区域发展理论

从20世纪50年代起，以区域经济增长为核心的区域经济发展理论开始大量出现，并日趋完善，主要包括经济均衡增长理论和非均衡增长理论。均衡增长理论认为，发展中国家脱离贫困的唯一途径是大力发展工业，将资金同时并全面地投资于工业、农业、消费品生产、资本生产等各个国民经济部门，这样才能彻底改变落后的经济结构，为投资规模的扩大、经济的增长创造条件。均衡增长理论过分强调计划性均衡增长的重要性，在现实中因受到资源不足、资金短缺、技术落后、管理滞后等多种因素的限制，使其在指导经济发展中缺乏现实基础。区域经济非均衡增长理论主要代表人物有法国经济学家朗索瓦·佩鲁、法国经济学家布代维尔、瑞典经济学家纲纳·缪达尔、德国发展经济学家阿尔伯特·赫希曼和英国经济学家约翰·威廉姆逊等。佩鲁认为经济增长在不同的部门、行业或地区按不同速度增长，即非均衡增长。某些主导产业部门或有创新能力的企业或行业集中分布于特定的地区或大城市，形成一种资本与技术的高度集中，具有规模经济效益，自身增长速度快并能对邻近地区产生强大辐射作用的增长。布代维尔、巴佩鲁认为经济发展过程在空间上并不是同时产生和均匀扩散的，而是从一些条件较好的地区开始，一旦这些区域由于初始优势而比其他区域超前发展，这些区域就能通过累积因果过程不断积累有利因素，从而进一步强化和加剧区域间的不平衡。威廉姆逊认为在国家经济发展的起飞阶段，随着整个国家经济发展水平的提高，区际差异呈扩大的趋势，区域经济倾向于非均衡增长；起飞阶段之后，区域间的不平衡程度逐渐趋于稳定；当经济发展到成熟阶段，区际差异将逐步缩小，区域经济增长呈均衡趋势。进入21世纪以来，在新的区域发展背景下，区域发展形成了一些新理念，如整体协调发展理念、城乡一体化理念、可持续发展理念、以人为本理念等。

在党的区域发展政策指引下，我国逐步建立了泛珠江三角区域合作、长三角区域经济合作、环北部湾区域经济合作、环渤海湾区域经济合作、中部地区经济合作等区域经济合作，形成了宽领域、多层次和全方位的区域合作新格局。我国东、中、西部省区相继开展了探索区域协调发展、互联互动发展、区域间优势互补、互利共赢合作的新模式。丰富的实践也有待于理论界不断总结经验，提升和发展区域经济合作和区域经济发展的新理论。未来区域经济学的研究方向应该包括学科基础理论建设和当前我国区域经济发展的前沿问题。

五、帕累托最优理论

帕累托最优理论是由意大利经济学家维弗雷多·帕累托提出来的，其基本含义是，社会无法进一步组织生产或消费以增进某人的满足程度，同时却不会减少其他人的福利，或者说，此时没有一个人的境遇能在不使别人的境遇变得更糟的情况下变得更好。帕累托最优也称为帕累托效率、帕累托改善，是博弈论中的重要概念，并且在经济学、工程学和社会科学中都有着广泛的应用。帕累托最优是指资源分配的一种理想状态，假定固有的一群人和可分配的资源，从一种分配状态到另一种分配状态的变化中，在没有使任何人境况变坏的前提下，使得至少一个人变得更好，这就是帕累托改进或帕累托最优。即在社会成员的福利都不减少的条件下，已经无法通过生产与分配的更新安排和组合来增加任何社会成员的福利，这时就达到了资源配置的最优状态。帕累托改进是达到帕累托最优的路径和方法，是公平与效率的"理想王国"。广义上讲，帕累托效率是一种综合效率，指的是生产、消费和交易都有机地组织在一个经济系统之中的效率，是一个完全效率的概念。帕累托最优回答的是效率问题。从社会福利角度出发，用效率来评价总体经济运行有其合理性。

一般来说，达到帕累托最优时会同时满足交换最优、生产最优和产品混合最优三个条件。其中，交换最优是对任意两个消费者、任意两种商品的边际替代率是相同的，且两个消费者的效用同时得到最大化；生产最优是对任意两个生产不同产品的生产者，需要投入的两种生产要素的边际技术替代率是相同的，且两个生产者的产量同时得到最大化；产品混合最优要求经济体产出产品的组合必须反映消费者的偏好，此时任意两种商品之间的边际替代率必须与任何生产者在这两种商品之间的边际产品转换率相同。如果一个经济体不是帕累托最优，则存在一些人可以在不使其他人的境况变坏的情况下使自己的境况变好的情形。普遍认为这样低效产出的情况是需要避免的，因此帕累托最优是评价一个经济体和政治方针的非常重要的标准。

六，信息不对称理论

信息不对称指信息在相互对应的经济个体之间呈不均匀、不对称的分布状态，即有些人对关于某些事情的信息比另外一些人掌握得多一些。信息不对称会造成两种后果，一种是逆向选择，另一种是道德风险。信息不对称理论是指在市场经济活动中，各类人员对有关信息的了解是有差异的。掌握信息比较充分的人员，往往处于比较有利的地位，而信息贫乏的人员，则处于比较不利的地位。信息不对称是经济领域普遍存在的一个经济现象。该理论是20世纪70年代美国经济学家约瑟夫·斯蒂格利茨、乔治·阿克尔洛夫和迈克尔·斯彭斯提出来的。21世纪初的诺贝尔经济学奖授予了对信息不对称理论做出开拓性贡献的三位经济学家。该理论认为：市场中卖方比买方更了解有关商品的各种信息；掌握更多信息的一方可以通过向信息贫乏的一方传递可靠信息而在市场中获益；买卖双方中拥有信息较少的一方会努力从另一方获取信息；市场信号显示在一定程度上可以弥补信息不对称的问题；信息不对称是市场经济的弊病，要想减少信息不对称对经济产生的危害，政府应在市场体系中发挥强有力的作用。

农业产业化经营中"公司+农户"模式最为常见。这种发展模式通过"商品契约"实现公司与农户之间的有效联结，既促进了农民增收，又满足了企业发展农产品加工销售的规模要求，给契约双方带来了利益。然而在实际运作过程中，公司与农户之间的契约不稳定，双方经常出现违约现象，影响农业产业化经营发展。由于个人的有限理性、外部环境的复杂性和未来的不确定性、信息的不对称和不完全性，会产生不完全契约。在"公司+农户"模式中，双方拥有的信息无论在数量上还是在质量上，都是完全不对等的，容易造成公司欺骗农户的行为，致使该模式发展受阻。

第三节 农业产业化构成要素与运行机制

一、构成要素

农业产业化是在市场经济条件下孕育而生的，是市场经济发展的产物。其构成要素除了市场之外，还有农产品生产基地、签约农户、龙头企业、契约关系、中介组织、主导产业以及社会化服务机制等。

（一）市场

所谓市场就是指商品交易关系的总和，主要包括买方和卖方之间的关系，同时也包括由买卖关系引发出来的卖方与卖方之间的关系以及买方与买方之间的关系。其含义包括：一是商品交换场所和领域；二是商品生产者和商品消费者之间各种经济关系的总和；三是有购买力的需求；四是现实顾客和潜在顾客。市场是社会分工和商品经济发展到一定阶段的必然产物，是商品经济运行的载体或现实表现。社会分工越细，商品经济越发达，市场的范围和容量就越大。市场是农业产业化形成与发展的前提条件和基础，只有具备一定的市场或较大市场发展潜力的产业，才有可能推进农业产业化经营，否则，农业产业化经营不会取得成功。根据市场性质，市场可以分为产品市场和要素市场。产品市场有本地市场、

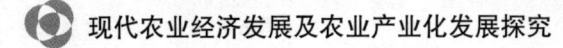

外地市场、国内市场和国外市场。我国多数农业产业化经营规模不够大，市场开发首先要立足于本地市场和国内市场，同时要注意开拓外地市场、国外市场，树立品牌意识，提高市场占有率，使产业化经营不断发展壮大。同时，产业化经营要重视要素市场的建设和开发，如果相应的要素市场发育和发展滞后，也会阻碍产业化经营的快速发展。

（二）农产品生产基地

农产品生产基地是指围绕龙头企业或市场建立的、联结众多农户形成的某种主导产业的专业生产区域和生产组织形式。它是在龙头企业的牵头下，根据企业主导产业发展的需要，将分散的小农户联合组成具有一定规模的生产组织形式，是解决分散小农户无组织生产状态的重要手段之一。目前，农产品生产基地存在不同的类型，按照不同的标准，有不同的划分类型。

按照农业部门来分，基地可分为种植业生产基地、养殖业生产基地、畜牧业生产基地、渔业生产基地。各种基地类型再根据各个部门农产品生产类型可以进一步细分为许多不同的类型，如种植业基地可分为玉米基地、水稻基地、棉花基地、油料基地、棉麻基地、瓜果基地等。

按照发起农户与生产基地联结组织，基地可以分为：①自发型生产基地，就是农户按照自觉自愿自发组织起来的生产基地。②协会型生产基地，就是由协会发起将农户与基地联结为一体的基地类型。③行政指导型基地，即在政府部门的指导倡议下建立的基地类型。④合作社生产基地，是由农业合作社发起把农户组织成规模化生产的基地类型。⑤服务组织型基地，是由社会服务组织通过社会服务管理体系把农户联结起来形成具有统一目标的规模基地。

（三）龙头企业

发展农业龙头企业是推动农业产业化发展的核心。龙头企业通过发展订单、吸纳农牧民就业、农牧民入股和"公司+农牧户"模式等有效的利益联结机制，在农牧民增收和就业方面起到了十分重要的作用。发展龙头企业应面向市场，依托资源优势，扩大龙头企业的规模，加大龙头企业科技创新力度和经营机制改革步伐，全力打造龙头企业品牌，积极发展外向型龙头企业，切实加强企业与农民的利益联结。政府要加大政策扶持力度，为龙头企业的快速发展创造良好的环境。做大做强龙头企业，是农业产业化发展的重要环节，要不断提升龙头企业的整体素质，使其具有较强的市场竞争能力，同时要注重龙头企业并购重组，支持具有比较优势的龙头企业通过收购、兼并、租赁、控股和承包等方式，开展跨区域、跨所有制的联合与合作，盘活资本存量，培育一批起点高、规模大、竞争力强、带动力大的龙头企业和企业集团。

（四）农户

农户是农产品加工企业原料生产的基地。在农业产业化经营中农户是产业化发展的基础，农户是产业链条的基础端，是事关企业产品质量高低的原料来源与保障，原料基地建设成功的关键点之一，是大批原料基地建设的执行者——农户，农户的高素质是农产品原料质量的重要保障。

（五）主导产业

主导产业是在区域经济中起主导作用的产业。它是指产业产值占有一定比重，采用了先进技术，增长率高，产业关联度强，对其他产业和整个区域经济发展有较强带动作用的产业。主导产业一般对区域经济贡献较大。一方面，在国民生产总值中占有较大比重或者将来有可能占有较大比重的产业；另一方面，是能够对经济增长的速度与质量产生决定性影响的产业。因此，农业产业化经营的核心是主导产业，应围绕主导产业进行经营。

（六）契约关系

契约俗称合同、合约或协议，就是契约参与者为达成一致意见，彼此合意，表达所有参与者所承担的责任、义务、权利的明确界定。农业产业化经营中，公司与农户签订合约或者以双方认可的方式，在明确各自权利、义务的条件下把产供销统一起来，结成利益共同体，按"利益共享、风险共担"的原则，进行农产品的生产、加工、流通，但农户与公司之间仍保持各自独立的契约关系。

（七）社会化服务体系

农业社会化服务体系是指按照社会分工和协作的要求独立出来的各种农业服务组织所形成的相互联系、互为补充的服务网络的总和。它包括专业经济技术部门、乡村合作经济组织和社会其他方面为农、林、牧、副、渔各业发展所提供的服务。农业社会化服务应该向农户提供生产资料、先进的农业生产技术、农作物病虫害预报、农机维修、农业生产管理知识等，使农业服务功能逐步向综合性、专业性方向发展，促进农村经济的健康持续发展，强化农业增效、农民增收。

二、运行机制保障

农业产业化正常的发展包括龙头企业、基地农户、中介机构以及与其发展相关的各种保障机制的建设与健全,这些运行机制的健康发展是农业产业化正常运行的重要的机制保障。

(一)组织机制

农业产业化发展具有一定的组织结构,较早形成的是"企业+农户"的组织形式。就是龙头企业和农户联合,形成利益共同体。龙头企业与农户之间合作关系比较松懈,约束机制不健全。农户生产和企业收购都缺乏稳定的预期,关系不稳定。这种模式主要靠龙头企业的信誉和经济实力。农户法治观念淡薄,农民组织化程度低,农户在合作中完全处于被动状态。在市场波动或行业不景气的时期,农民的利益很难得到保障。

"企业+中介组织+农户"这种组织结构相对进步。农户和龙头企业等经济主体是通过合同契约进行市场交易活动的,受到合同约束。在农户与龙头企业相对独立的生产经营中,如果企业或农户出现违约,利益难以保障时,中介组织可以独立法人的资格介入其中,维护受害者的利益,在一定程度上破解分散农户维权难的问题。

随着农业产业化的发展,适合现代农业经营理念的组织结构进一步完善。农民协会、金融风险投资、农民入股等相继形成与发展,逐步深入农业产业化经营过程中,使得利益复杂化、组织结构合理化;与此同时,农户与企业关系越来越紧密,使企业和农户结成更为紧密的利益共同体,有利于做到"利益均沾,风险共担"。目前,农业产业化出现了合伙经营、共同出资、承包制、租赁制、股份合作制和股份制等运作形式,组织结构越来越复杂。

(二)分配机制

企业的本质是追求利润最大化。合理的利益分配机制是进一步合作和实现单个经济体利益最大化的重要机制。农业产业化中与利益最直接的创造者是农户和龙头企业,都是整个产业体系的价值创造者,都有追求利益最大化的动力,具有根本利益的一致性。其他各经济主体同样也有获取利益的权利与愿望,如何合理进行利益分配,主要取决于各经济体的贡献大小、创新、风险承担、垄断程度、产业化效益以及外部环境等。从我国的利益分配角度看,农户与龙头企业地位不对等,利益分配很难做到公平合理。根据国外的先进经验,发展农民合作组织介入利益分配与保障农户利益机制,极大地推进了农业产业化发展。我国农业产业化发展水平低,企业风险防范能力差,企业利润较低。这种状况下,过早、过分地强调公平，企业就会因丧失效率而难以快速发展。目前，农户利益和收入不能完全让企业来承担，还需要政府的政策扶持和补贴，农户与企业的利益实现公平分配还有很长的一段路要走。

（三）约束机制

约束机制是指通过一定的方式对各个经济主体行为进行规范，以提高产业组织的整体功能、效率功能和抗逆功能。农业产业化经营良好的运行需要完善的约束机制，规范、约束各经济体的行为，以保障系统良性发展。农业产业化发展产业链条中各经济主体约束机制主要有四条：一靠道德，良好的道德观念是建立整个约束机制的基石；二靠自觉，就是各经济主体自觉维护产业良性发展的规则；三靠法律，农户与企业通过建立合同，共同遵守合同法；四靠资产关系，通过产权的流转和重组，建立资产关系。道德与法律结合，是两种不同的约束途径。道德是软约束，是靠人们的优良品德实现的。法律是硬约束，具有强制执行性。我国广大农民具有勤劳、朴实等优良品德，也有传统小农意识滋生的自私性，因此，建立约束机制，要考虑我们的民族特征，结合各地的民规乡约，达成共识，订立协约。同时，农业产业化发展必须面向世界、面向未来，必须通过产权流动或资产重组，融合为一个大的经济集团或经济集体，逐步建立完善的与现代企业发展相适应的约束机制。

（四）风险防范机制

农业产业化经营除了具有一般企业需要面对的各种市场风险外，还要应对农业生产的不确定性风险以及农户高弃约率的风险。因此，农业产业化经营风险较高，必须建立完善的风险防范机制。风险防范机制是农业产业化组织抗逆性能的重要标志，是产业化健康、稳定发展的前提条件。龙头企业一手牵着市场，一手牵着千家万户，是转化这两大风险的有效组织形式。农业生产不确定性风险主要是自然风险。农业生产受气候、地质灾害的影响很大，一些恶劣气候条件或病虫害大暴发等都可能使农业颗粒无收。因此，防御自然风险，主要根据各地区自然灾害的特征，建立预警机制，把各种自然风险发生率和人民生命财产损失降到最低限度。农户高弃约率风险防范也很重要，在农产品市场价格高于企业收购价格时，农户可能选择将部分或全部产品卖向市场，选择弃约。农户不履约的重要原因是农户的法律意识淡薄和违约成本低。因此，要想使农户守约，必须建立完善的社会化服务体系和风险基金制度，切实维护农户的利益。对于市场风险的防范，要求龙头企业做好市场调研和预测工作，增强市场风险防范意识。

（五）宏观调控机制

宏观调控是指政府对宏观经济运行进行干预和调节，以达到一定的目标。我国宏观经济调控的主要目标是促进经济增长和增加就业。经济增长是经济和社会发展的基础。持续快速的经济增长是提高人民生活水平及实现国家长远战略目标的首要条件。就业是民生之本，是社会稳定、人民群众生活条件改善的基本前提和基本途径，关系到人民群众的切身利益、改革发展稳定的大局。宏观调控主要通过法律手段、经济手段和行政手段等的调控作用保障社会经济协调健康发展，实现社会经济发展的目标。

农业是我国的基础性产业，也是弱势产业，农业、农村和农民发展问题是国家重点扶持的对象。农业产业化发展对解决农民增收、促进农业快速发展、增加农民就业都有积极的作用，政府在资金、补贴和政策上应给予支持、扶持，使农业产业化健康发展。从世界各国农业产业化的历史看，政府在农业产业化中扮演着重要的角色，政府的宏观调控和广泛有力的引导、支持、服务是农业产业化顺利实现的基本条件。农业生产风险大，资本有机构成低，比较效益差，需要政府的扶持与支持。政府必须转变观念，发挥宏观调控作用，完善的服务体系，为农业产业化经营营造有利的条件。

（六）制度保障机制

农业产业化经营健康持续发展，需要一套与其发展水平相适应的制度体系作为保障。这些制度包括现代企业管理制度、组织制度、风险保障制度、农地制度、国家管理制度、科技创新制度、财政监管制度、政府扶持制度等。农业产业化经营的主要组成要素是农户和龙头企业，在内部联系上是龙头企业与农户的联合关系。农业产业化经营具有企业性质，但又不同于传统意义上的企业。农业产业化发展需要企业经营发展所需要的市场化管理制度、国家监管制度、现代企业制度、企业组织制度、科技创新制度等。同时，又由于其特殊性，它还需要农用土地制度、风险制度、政府扶持制度、财政监督制度等针对其特殊性而必备的相关制度作为保障。

第四节 农业产业化的发展方向

一、市场化

没有市场也就没有农业产业化。我国农业产业化是在彻底废除了人民公社制度，确立社会主义市场经济体制的基础上孕育产生的。农业产业化必须依靠市场改变传统农业的小农经济自给自足、自我服务的封闭式发展模式，必须面向市场，走资源合理配置、生产要素优化组合、生产资料和产品购销等靠市场机制进行基础性调节与配置的道路。

二、专业化

我国农业产业化必须向农业生产专业化方向发展。农业生产、加工、销售、服务等社会分工也日益发达。社会分工越发展，商品经济越兴旺，个别地区或个别生产单位的生产内容越趋向单一，农业专业化水平越高。专业化可以使每一种农产品都把原料、初级产品、中间产品制作成为最终产品进入市场，从而有利于提高产业链的整体效率和经济效益。我国农业产业过程不同于西方产业化的发展过程，西方国家农业产业是在农业生产专业化的基础上走向了农业产业化，其农业专业化程度高。而我国是在农村经济发展面临小农户与大市场的矛盾时，为解决小农户与大市场的矛盾孕育而生的，专业化水平很低。特别是作为农业产业化经营的农副产品生产，要求把小而分散的农户组织起来形成规模，进行专业化生产。

三、规模化

生产经营规模化是农业产业化的必要条件，生产基地和加工企业只有达到相当的规模，才能增强辐射力、带动力、竞争力，才能提高规模效益，达到产业化的标准。一是农产品原料基地具备一定的规模。为适应日趋激烈的市场竞争，扩大农产品加工原材料供给，要积极鼓励和引导农民发展专业合作经济组织，提高农业的组织化程度，扩大农产品生产基地规模。二是企业要具有一定的规模。只有农产品加工企业具有一定规模，才具有带动能力和市场竞争力。各级政府应该通过资源整合，把散、小、弱的企业整合为企业集团，成为带动能力强的龙头企业，实行跨行业、跨地区、跨所有制经营，提高企业的抗风险能力和市场竞争力。

四、一体化

农业产业一体化是农业产业化的实质,是龙头企业的经营方式、战略手段,具有两层含义。一层含义是指龙头企业采用的经营组织形式,即在一个或数个产品连续的生产和流通阶段,龙头企业同时从事连续的两个或者两个以上阶段的生产和流通活动;另一层含义是指龙头企业采取的经营手段,即在一个或数个产品连续的生产和流通阶段,龙头企业利用兼并或者增添新的设备介入其他阶段生产或流通活动。通俗地讲,农业产业一体化就是产业链条形成产加销一条龙、贸工农一体化经营,把农业的产前、产中、产后环节有机地结合起来,形成"龙"型产业链。

五、社会化

农业产业化经营的社会化服务是农业产业化区别于传统农业经营模式的重要标志。它把农业生产经营过程中诸多服务职能分离出来,这些服务职能分别由各类社会组织承担,为农业产业化链条上的各单位提供专业化、全程化的服务。农业产业化水平决定社会化服务水平,反过来,社会化服务对农业产业化发展起重要促进作用。社会化服务的内容越多,服务范围越广,反映农业产业化发展的程度就越高。农业产业化发展程度越高的国家,其社会化服务体系也越完善。

我国必须加快建设适合我国国情的社会化服务体系。建立健全社会化服务体系,要坚持政府扶持和市场机制相结合,充分发挥各级党委、政府的组织优势,以社会化组织为主体,构建多元化、多层次的农村社会化服务体系。要以政府支撑为保障,以市场运行机制为原则,以经济效益为中心,以农产品产前、产中、产后服务为重点建立健全适合我国的社会化服务体系。

六、标准化

农业产业化标准体系建设应在现有的国家标准、行业标准、地方标准的基础上,参照相关国际标准,制定包括农产品加工原料生产环境、生产过程、产品品质、加工、包装等各个环节的标准,把农业产业链的每一个环节都纳入标准化管理的轨道,形成完备的全过程的标准指标体系。因此,农业产业标准化体系建设是一个系统性工程。完整的农业产业化标准体系应该包括农产品(或特色农产品)产地环境质量标准、农产品质量标准、农业监督检测标准、农业产业加工标准、农业产业产品质量标准、农业产业产品包装标准及其相关标准。

七、区域化

农产品加工原料基地建设首先应打破行政区划界限，要以企业需求为坐标，根据农业产业规模化发展需要，充分利用区域资金、品牌、资源优势，以产业经营理念和方式扩建原料基地，实施区域内的特色农业资源整体规划，统一开发。对同类产品的生产加强跨区域合作，增大区域内资源规模，为农产品加工业提供源源不断的原料支持。农业产业区域化发展就是将农业产业化的农副产品生产集中在一定的区域范围内，形成比较稳定的区域化生产基地，以防生产布局过于分散造成管理不便和生产不稳定，便于规模化生产与管理。

八、品牌化

联合国粮农组织总干事屈冬玉表示，随着农业现代化建设步伐加快，中国农业已进入品牌时代。品牌意味着声望，意味着美誉度。品牌塑造和推广能够提升农业产业和农产品的附加值，促进农民增收。现在，随着农产品供需关系和消费者生活方式的转变，消费者对农产品的要求不再是质量和价格的要求，而是对农产品品质要求越来越高。在农产品同质化严重的情况下，农业企业往往会在价格上做文章，长此以往，势必导致企业的竞争力不断下降。未来，农业企业之间的竞争将不再是价格和数量的竞争，而是品牌和质量的较量。

九、农产品安全

近几年，农产品安全问题日益显著，农产品质量屡被吐槽。针对这一现象，农业农村部加快推进农产品质量安全追溯体系建设，想进一步提升农产品质量安全监管能力，落实生产经营主体责任，增强食用农产品消费信心。同时，国家大力倡导减少使用农药化肥等化学品，进一步提高了农产品的安全度。加上一些农业企业在自己的产品上贴二维码，消费者可根据此查到产品的有效源头，大大增加了农产品的安全性。未来，在国家、企业、消费者的共同努力下，农产品安全将会得到保障。

十、其他发展

（一）"互联网+农业"

当前，我国经济发展进入新常态，农业发展面临农产品价格"天花板"封顶，生产成本抬升，资源环境、硬约束加剧等新挑战。为了转变农业发展方式，"互联网+农业"被提上发展日程。通过利用现代信息技术，不断提升农业生产、经营、管理和服务水平，促进农业生产方式、销售方式的转变,以此来实现农产品的生产和销售。随着互联网的全面普及,互联网在农业领域的运用将会显得更加宽泛,互联网+农业将取得显著成绩。

(二) 高科技农业

科技对现代农业的推动力量非常明显。未来,农业发展应是高度的自动化和精确化。全环控植物工厂、自动空气循环系统、半自动采收系统、农业机器人、农业无人机等都是高科技农业的产物。随着经济全球化和知识经济的不断发展,以生物技术、信息技术为代表的高技术会不断向农业科技领域渗透和融合。最后分子育种技术、转基因技术、数字农业技术、节水农业技术、食品加工技术、航天育种技术等农业高技术体系将会大肆兴起。

(三) 农产品微营销

这些年,传统农业企业的成本一直在不断增加,而电商平台作为新崛起的力量,虽营销实力比较强,但是大一点的平台收费也是比较高的。而微营销作为成本几乎为零的一个新平台,它也是新人群、时尚人群的聚集地。当然,这些人也是主力消费群,这个群体最大的特点就是机不离手,被称为"御屏一代"。手机、电脑是他们使用最频繁的接触信息、联网互动的工具。所以,未来微博、微信等手段的营销将会成为一大趋势。中国农业已迈入新的发展期,大众创业、万众创新的时代也已经到来。

第六章 农业产业化经营

第一节 农业产业化经营的概念与模式

一、农业产业化经营的概念

农业产业化经营是以市场为导向，以家庭承包经营为基础，依靠龙头企业和组织的带动，将生产、加工、销售各个环节有机地结合起来，实行一体化经营的新型农业经营方式。这是我国农村经营体制继家庭联产承包经营后的又一重大创新。农业产业化经营至少包括以下四方面的含义：一是必须以市场为导向；二是要实行经营一体化；三是要培植主导产业，并在主导产业的关键环节建立龙头企业，以带动整个一体化经营的强劲发展；四是形成一种利益互补机制，使农民真正从农业产业化经营中得到好处。

目前，农业产业化经营是当前农业产业发展的一种经营模式，具有联合体的内涵。农业产业化经营的组织形式基本上是"公司+基地""公司+农户"或"公司+基地+农户"模式。我国在积极推进农业产业化的经营，提高农民进入市场的组织化程度和农业综合效益时，按照依法、自愿、有偿的原则逐步发展起来的规模经营，主要体现在经营机构新、经营权限新、管理机制新等方面，是农业发展思路的创新。我国农业产业化经营的内涵是以市场为导向，以千家万户组成的农产品商品生产基地为基础，以龙头企业为依托，形成农工商或农商有机结合的产业链和利益共同体的经营组织。它是以联合体的形式为组织结构，一般都是由龙头企业发起或带动的。龙头企业牵头，通过它的带动或者辐射作用，使成千上万的农户以供销关系或者通过土地作为资产入股，与公司建立契约关系成为联合体的成员进入联合体。也有个人以科技入股的方式，把科技人员吸纳进来，形成自己的科技队伍，或者直接与科技院校挂钩，从而实现了产前、产中、产后的科技服务体系，使科研成果直接转化为生产力，有力地促进了农业和农村工业的发展。这既满足了市场需要，又保证了农户利益，有利于提高农民的生产积极性。

二、农业产业化经营的条件

（一）有可以依托的龙头企业

农业产业化经营一般是以龙头企业为主导发起或建立起来的运作模式。必须把龙头企业建设作为发展农业产业化的关键环节。在农业产业化发展过程中，龙头企业起到"火车头"的作用，其经济实力的强弱和带动能力的大小，直接决定着农业产业化发展的程度和水平。在农产品生产基地附近或经营模式中，要有一个或几个具有较强经济实力和带动能力的龙头载体为依托。龙头企业必须具有签约农户农产品的收购、加工或经销的能力，发挥连接基地农户和市场之间的桥梁和纽带作用。农业产业化对龙头企业的性质、经营内容等要求不高，龙头载体可以是国有企业、民营企业、私营企业或外资企业等，可以是农贸企业、加工企业、经销企业、专业市场、中介组织、科技集团等。

（二）具备规模化的农产品生产基地和一定组织化程度的基地农户

农业产业化规模化发展需要越来越多的零散或小群体农户加入进来，形成足够数量的农产品商品生产基地，并能达到一定批量的商品产量和产值，才能实现专业化生产、区域化布局、集约化布局和社会化服务。如果没有大批农户并生产出批量的商品，就表明生产基地尚未达到一定规模，形不成农业产业化经营。

另外，对农户的组织化程度也要有一定的要求。要以农户易于接受的组织形式，使农户在自愿互利的基础上形成各种不同类型和规模的互助合作组织，加强与龙头载体及市场的联系。基地建设就是一种生产组织形式建设，为了维护共同的利益，它能够将一盘散沙的个体农户通过谈判等形式组织起来，克服一家一户管理困难的局限性，发挥群体的优势。

（三）龙头企业和农户之间形成利益共同体

在实施农业产业化的过程中，各种不同的社会经济主体包括国家、工业资本、商业资本、银行资本和农业合作社等都参与了农业产业化的发展，但是，无论什么样的社会经济体都必须与基地农户之间建立起相对稳定的联系，形成相对稳定的产业链和一定程度的利益共同体。这种联系可以是较松散的信誉型市场交易利益共同体，也可以是通过书面契约或章程建立起的紧密型合同制和合作制利益共同体，形成有机结合的农工商或农商型产业链，并形成不同联系程度的利益共同体。这是保障基地农户和企业共同发展的重要基础。

（四）具有符合市场需求的主导产业和产品

主导产业是指具有一定规模，能够最迅速、有效地吸收创新成果，满足大幅度增长的需求而获得持续高的增长率，并对其他产业有广泛的直接和间接影响的产业。主导产业是现阶段区域经济发展的支撑力量，是区域经济增长的火车头和驱动轮，离开主导产业的支撑去发展区域经济只能是空中楼阁。我国地区间经济发展水平、资源条件等差异较大，各地区应该重点发展本地区具有优势的产业，能否正确地选择区域主导产业，合理地确定其发展规模和速度，关系到区域经济建设的成败和区域可持续发展。

（五）成熟的社会化服务系统

基地范围内要有较完善的社会化服务系统，是基地建设实现规模化、集约化的重要保证。要以健全乡村集体经济组织为基础，以国家专业技术部门和龙头企业为依托，以农民自办服务组织为补充，从良种繁育、种苗提供、饲料供应、技术服务、加工、运销、信息等方面建立起全方位、多渠道、多形式、多层次的服务系统。

三、农业产业化经营模式

（一）龙头企业带动型

这种模式一般是形成"公司＋基地＋农户"的产销一体化经营组织。它以公司或企业集团为主导，重点围绕一种或几种产品的生产、加工、销售与生产基地和农户有机联合，进行一体化经营，形成"风险共担、利益共享"的经济共同体。龙头企业具有市场开拓能力，进行农产品深度加工、为农民提供服务、带动农户发展商品生产，是产业化组织的加工中心、营运中心、服务中心和信息中心。该模式在农作物种植业、畜禽养殖业，特别是外向型创汇农业中最为流行。

（二）市场带动型

专业市场＋基地农户，这种模式是以专业市场或专业交易中心为依托，拓宽商品渠道，带动区域专业化生产，实行产加销一体化经营，扩大生产规模，形成产业优势，节省交易成本，提高运销效率和经济效益。通过建设当地市场，开拓外地市场，拓宽产品销路，牵动优势产业扩大生产规模，形成专业化、系列化生产。可以采取以一个专业批发市场为主的形式，也可以形成几个基地收购市场组成的市场群体，其中区域性专业批发市场应具有较完备的软硬件服务设施和措施，并且具有较大的带动力，带动周围大批农户从事农产品商品基地生产和中介贩卖活动，形成一个规模较大的农产品生产基地和几个基地收购市场，使区域性专业批发市场不仅成为基地农产品集散中心，而且成为本省乃至全国范围的农产品集散地。通过专业市场与生产基地或农户直接沟通，以合同形式或联合体形式，将农户纳入市场体系。农民快捷地接收市场信息，灵敏地做出反应，从而做到一个市场带动一个支柱产业、一个支柱产业带动千家万户，形成一个专业区域经济发展带。

（三）主导产业带动型

根据区域资源特色，发挥资源优势，以"名、优、新、特"产品开发为目的，对那些资源优势最突出、经济优势最明显、生产优势较稳定的项目，进行重点培育，加快发展，形成支柱产业，围绕主导产业发展产销一体化经营。这种具有区域性资源特色的主导产业，适用于资源禀赋独特、能够生产"名、特、新、优"农产品的地区。

（四）综合开发集团带动型

开发集团＋基地农户，这种模式是以开发集团为核心，由公司提供技术、资金，由农户出土地和劳动力，并由开发集团负责企业管理和全程服务，一般是企业集团发展某种支柱产业项目，通过合同条款转包给农民，实行统一品种、统一技术措施、统一收获期、统一收购、统一加工销售，开发集团为农户提供全方位的服务，基地农户与综合开发集团形成利益共同体的一种产业化经营的模式。该模式适用于经济发展条件较差但具有某项资源优势的地区。

（五）中介组织联动型

农产联＋企业＋农户，中介组织包括农民专业合作社、供销社、技术协会、销售协会等。该模式以中介组织为依托，组织产前、产中、产后全方位服务，使众多分散的小规模生产经营者联合起来形成统一的较大规模的经营群体，实现规模效益。在行业协会的组织下，产品开发要利用先进技术，实行跨区域联营，提高企业竞争力，扩大生产规模，生产要素大跨度优化组合，集生产、加工、销售于一体的经营企业集团。该模式是一种投资低、收益高的联合模式，适用于技术要求比较高的种植业、养殖业。

（六）示范推广型

在农业产业化发展较好的地区，集中人才、资金、技术创办农业产业示范区。例如，某示范区农业产业一体化。该示范区利用国家农业高新技术产业示范区的农业专家、高科技人才、科研成果和当地丰富的农业资源、得天独厚的自然条件，发展粮食、果业、畜牧、蔬菜等优势产业，加强两地农业产业一体化合作，实现优势互补，加快当地的农业产业化进程，对推动经济发展有重大作用。

第二节 农业产业化经营的指标体系

农业产业化经营指标体系就是要根据农业产业化发展的目标和要求，依据统计的现有基础和条件，设计和筛选一系列的指标，以较全面地反映和测评某一经济区域农业产业化发展的水平和程度，以便进行动态分析和横向比较，为各级政府及其主管部门、各级农村经济主体明确农业发展方向，推进农业产业化发展提供决策依据。

一、指标体系设置的原则

农业产业化经营是一个动态的发展过程，在建立指标体系的过程中，需要遵循综合性、层次性、可操作性以及统一性等原则。

（一）综合性原则

农业产业化经营涉及农业生产的产前、产中、产后各个环节，还涉及农民、职工的生产和生活。所以，建立的指标应具有综合性，能够反映农业产业化经营的本质特性。

（二）层次性原则

农业产业化经营涉及龙头企业、基地、农户、合作组织及其各个层面上的各种复杂关系，因此，在建立指标体系时需要理清各项组成要素的层次关系。

（三）可操作性原则

选取的评价指标既要具有代表性，又要容易量化，以便进行定量化评价和分析，使指标体系具有较强的可操作性。

（四）统一性原则

农业产业化经营指标的名称、内涵、单位、计算口径与指标要统一，并尽量与各级统计部门的指标一致，便于量化、计算并使计量结果更具有可比较性。

二、指标体系的构建

农业产业化经营就是要提升农业比较效益、改善产品结构、增加市场竞争能力,通过优化资源配置来推进农业经济发展,加快农业的现代化进程,达到农村实现小康的目标。为了更好地依据农业产业化发展的总目标构建指标体系,科学、合理、客观、公正地反映各地区的农业产业化发展水平和程度,学术界提出了不同的农业产业化经营指标。

(一)分类一

农业产业化指标体系主要包括以下九类指标。

1. 农业产业化的基础条件指标

①反映农业发展的基础条件的指标:农业机械总动力;农产品加工机械总台数;有效灌溉面积。②用发展速度指标反映农业产业化的基础条件指标。

2. 农村产业结构优化指标

①农业及其相关产业产值各自占农村社会总产值的比重;②农业及其相关产业产值比重;③在农业总产值中,林牧渔业产值比重;④在农业产品产值中,名、优、特、新产品产值比重。

3. 生产经营规模化指标

①主导产业经营规模指标:主导产业总产值。②龙头企业规模:生产、加工、储运、销售的农副产品数量。③农产品商品生产基地的生产经营规模:总面积、总产量、总投资;④养殖业:畜禽总头(只)数、种苗投放尾数。

4. 经营一体化指标

①农业生产单位与加工、储运、销售单位之间的契约化程度;②农业相关部门对农业的投资占农业总投资的比重;③对农业的利润返还占农业利润总额的比重或占农业增加值总额的比重。

5. 服务社会化的指标

①产前服务包括农业经营方式、农药、农机、燃料动力供应等;②产中服务包括农业生产的技术指导、农业经营指导、发展因地制宜指导和农业作业服务(包括机耕、机播、植保、机械收割等);③产后服务包括农产品市场形成指导、产品收购、产品加工、半成品储运和销售等服务。

6. 管理企业化发展程度

①模式化栽培面积占播种面积的比重;②大型农机具等生产资料的共同利用率;③委托经营户数所占比例,即农户的农业生产全过程或部分农业作业委托给专业协会服务组织的比例。

7.农业产业化的科技进步指标

①生物化学性技术：优种普及率、配方施肥率、配方饲料率等指标。②机械性技术：农业机械、农业生产设施等固定资产的开发和改良。③组织性技术：农业产业组织化程度。

8.资源利用率和效率指标

①资源利用率指标：农产品的耕地单位产量或每公顷的农产品的产量，平均每公顷耕地的农业纯收入额。②农业资源的资金、劳动力等要素：资金利税率、劳动生产率。③农业产业化的效益指标：农产品商品率；农产品加工、储运、销售增值率；农民人均纯收入增长率。

9.农业相关产业群发展程度指标

（1）农业产业化发展的衡量指标

①机械工业总产值中农业用地机械产值所占的比重；②化学工业中，化肥、农药、农用调节剂等农业化工产品产值所占的比重；③加工业的产值中，农产品加工品产值所占的比重。

（2）相关产业发展对农业发展的保证程度角度指标

①单位面积耕地平均拥有的化肥产量（折纯量）、农药产量、农业用地调节剂产值；②单位面积耕地平均拥有的农用机械工业产值、农用电供应度数。

（二）分类二

农业产业化经营指标体系，第一级指标选取 7 个，分别为农业产业化经营的规模、龙头企业、农业产业化经营结构、农业产业化经营体系的市场竞争力、技术实力、资金筹集与运用、发展前景，第二级指标选取 15 个及其相对应的计算参数。

1.农业产业化经营的规模

①劳动力规模；②产值规模；③规模效益；④生产规模。

2.龙头企业

偿债能力指标：①反映企业长期偿债能力的指标；②反映企业短期内偿债可能性指标；③反映企业短期内实际偿债能力指标。

运营能力指标：①账款周转率；②存货周转率。

赢利能力指标：①资金利润率；②销售利润率；③成本费用利润率。

3.农业产业化经营结构

①产业链长度；②农业产业化经营的紧密程度。

4.农业产业化经营体系的市场竞争能力

①市场占有率；②市场开拓能力；③产品销售市场。

5. 技术实力

①技术创新能力；②产品技术含量。

6. 资金筹集与运用

①资金融通能力；②资金成本。

7. 发展前景

（三）分类三

农业产业化经营评价指标体系及其实例分析，对农业产业化经营评价指标体系提出两级指标体系，主要内容如下：

1. 效益化

①农产品综合增值率；②产业化经营总产值占农业总产值的比重；③农民收益率；④相关产业增值率。

2. 一体化

①农民组织化程度；②龙头企业对农户利润返还率。

3. 规模化

①加工业产值占整个产业产值的比重；②专业村比例；③专业户比例。

4. 专业化

①专业化产品率；②市场占有率。

5. 商品化

①农产品商品率；②农用物资外购率；③产中接受社会化服务率；④就业贡献率。

三、农业产业化指标体系

（一）农业产业化一体化指标

一体化指标是农业产业化的核心。农业产业化一体化指标集中体现在农工商、农科教一体化程度的高低和利益关系上。

1. 农工商一体化

农工商一体化与产加销一体化、种养加一体化的内涵是相同的。它是指农产品生产者、加工者与供销者紧密结合成一个风险共担、利益共享的共同体，真正形成"市场牵龙头、龙头带基地、基地联农户"的格局。这三者一体化程度越高，就越能促进农业产业化的发育和完善。

2. 农科教一体化

农科教一体化是农业产业化中最重要的环节。农业与科教的结合程度直接关系到产业化的科技含量。

（二）农业产业化产业链指标

产业链是衡量农业产业化深度与广度的重要指标，它具有多向性、度量性和优化性。

1. 产业链的多向性

它是指某种初级农产品可以形成多条产业链，进行多向开发、加工和增值。如粮食产业化可以有六条产业链：①粮食饲料畜禽（如猪、牛、羊、鸡、鸭、鹅等），加工品（如香肠、火腿、罐头、烤制品、皮蛋等）；②粮食副食品（如饼干、糕点、面包等）；③粮食淀粉、面粉、粉丝、面条等；④粮食酒、醋；⑤粮食味精；⑥稻（麦、玉米）秆纸张、编织品等。

棉花的产业化开发也有六条产业链：①皮棉、棉纱、布匹、成衣；②皮棉、短线、医药化工品；③棉籽精炼油色拉油；④棉饼蛋白饲料；⑤棉籽棉壳食用菌；⑥棉秆纸、纤维板。产业链的多向性，为农副产品的广度和深度开发加工与资源充分利用提供了可能。对初级农产品开发的链条越多，则说明产业化程度越高。

2. 产业链的度量性

它是指每条产业链的长度与深度。从产业化的要求来看，产业链应尽可能拉长和深化。产业链的拉长包括四方面：一是生产环节的拉长，把新技术运用到生产过程中，增加新的工序和工艺，提高产品的产量和质量；二是加工环节拉长，同样要求运用新技术进行精细加工，这是产业链拉长的重点；三是销售环节拉长，如运销中的包装、保管、销售网络的建设等；四是配套服务环节拉长。在产业链条中，每增加一个环节其产品都要增加一次价值。链条越长，增值程度就越高。链条的深度是指要用高、精、尖、新技术对产业链开发到最精、最深、附加值最高的境地，让农副产品的价值能量完全充分地释放出来。

3. 产业链的优化性

从理论上讲，如果把所有的产业链都开发出来，齐头并进，那么这种产业化程度之高是不容置疑的。但农业产业化的实践中产业链确实存在一个优化问题。因为在多链条中有重点与非重点之分、高附加值与低附加值之分、开发的难易之分、市场是否需要之分，所以，各地在产业化开发的过程中，尤其是产业化开发之初，必须对其优化选择。优化选择的产业链应既具有高附加值，又是拳头重点产品，并且是市场需要、技术可行、资金人才可以保证、投产上市快的产业链。如华容县在上述提到的棉花各产业链各环节中，因技术和资金等因素制约，除成衣和医药化工品没有开发外，其他产业链中的各环节产品都已开发出来。

第三节 农业产业化经营契约

一、农业产业化经营契约类型

在公司选择守信的前提下,可以将影响公司与农户间商品契约稳定性的因素分为两大类:一类是与公司签订商品契约的农户的类型;另一类是签约产品的专用性。

按签约农户的大小来划分,可以将公司与农户的商品契约类型分为公司与小农户的商品契约和公司与大农户的商品契约。

按签约产品的专用性强弱来划分,可以将商品契约分为以下三种:①专用性弱的产品的契约。大宗种植业产品的契约,这类农产品的销售范围和销售对象非常广,几乎不受时空条件的制约,专用性较弱,商品契约受市场波动的影响较大,稳定性较差。②专用性中等的产品的契约。如普通养殖业产品的契约,在市场行情有利时,农户有可能将产品转售给市场以谋取更大的收益,契约的稳定性一般。③专用性强的产品的契约。特种种植业产品的契约,如特种药材,因为此类农产品用途较单一、销售渠道少,生产者只能将产品按合同卖给公司。因此,该类商品契约的稳定性较高。

二、农业产业化经营风险

农业是风险较高的产业,尤其我国自然灾害频繁发生,农业自然风险较高。同时,由于市场信息滞后、销售渠道不畅通等,农业往往出现增产不增收的现象,进一步增加了农业的生产经营风险。根据农业产业化风险分类,我们把农业产业化经营风险归为以下五种类型:

(一)自然灾害风险

我国是灾难多发的国家,泥石流、滑坡、涝灾、旱灾、冰雹、霜冻等对农业生产破坏性较大,危害我国局部区域的农业生产。自然灾害对农业及其相关产业来说,具有不可回避性。基地农户和企业规避自然风险的途径主要是企业和农户参加保险,由社会分担一部分自然灾害风险;另外,农业产业化可采取分散经营。

（二）市场信息不对称风险

产业化经营的农业是商业性农业、市场农业，也是风险农业。市场供需机制决定农产品及其加工业产品的市场价格，价格波动形成价格风险。企业如不能准确判断市场供需平衡，企业利润就会受到市场价格波动的影响。同时，农副产品受国际市场的影响也较大。企业在产品市场交易领域仍然面临许多不确定因素，一旦企业产品滞销、市场价格发生剧烈波动或受国际市场的冲击，企业就会面临市场风险。如当企业风险损失过大无力承担时，其风险就会通过企业传递给农户，农户则间接承担了市场风险。

（三）产业化技术风险

从农业发展的历程来看，技术进步是农业产业革命的动力。每次农业革命都离不开科技革命。现代生物技术大发展大大拓宽了传统农业的生产可能性边界，降低了农业对自然资源的依赖，提高了农业生产力。在农业产业化发展的进程中，更离不开农业产业技术发展与创新。但是，人们在享受农业产业技术进步带来的农业硕果的同时，也应当承担农业产业技术发展过程中不成熟技术、技术泄露或使用不当带来的巨大风险。

①农业生产工艺技术秘密外泄，出现非签约农户"搭便车"问题。农业生产场所具有开放性，农业生产技术工艺过程保密性差，比较容易被人模仿，出现新技术的使用者不可能独占该项技术成果的现象，可能导致产品供给增加、价格下降，使实际的收益小于预期收益。②先进的农业生产技术与农民的低素质不相协调，导致低文化水平农户与企业合作失败。③农业技术在生产实践中发挥作用，需要一定的外部环境条件支撑，如果技术不够成熟或利用不当，农业技术很难达到其预期的收益或目标，甚至离预期目标相去甚远。

（四）时滞风险

技术成果转化、市场信息的指导作用、宏观调控与管理措施的落实等，都需要一定的时间，即每一项决策的执行到发挥作用都有一个时滞过程。而决策的时滞性与市场瞬息变化的矛盾，产生农业产业化经营过程的时滞效应，导致农业产业化经营的时滞风险。

（五）契约风险

农业产业化、规模化、一体化发展主要是以契约为纽带实现的：基地农户与企业通过契约关系形成农业关联企业与农户之间相对稳定的联合关系。但是，这种契约联合关系在许多风险下，存在诸多不稳定性因素，形成企业与基地农户联合关系的契约风险。一般来讲，在市场不成熟、农业产业化发展机制不健全的条件下，弃约率较高，企业或农户的权利很难真正得到保障。

三、农业产业化经营契约不稳定性

公司与农户通过契约规定双方在生产、销售、服务及利益分配和风险分摊等方面的权利和义务，建立"利益共享、风险共担"的合作关系。这种契约关系貌似把公司和农户紧密联系在一起，形成稳定的"利益共享、风险共担"的利益共同体，其实不是这么简单。现实中农业产业化经营存在诸多不稳定性因素，弃约率很高。造成我国农业产业化经营弃约的因素很多，具体归纳为以下几点。

（一）信誉度差和信誉机制不健全

我国农业产业化经营还处在发展壮大阶段，许多农业产业化经营公司的合作农户规模较小，企业资金不雄厚。若企业和小农户签约，就会面临小农户弃约的风险。因为小农户偏向于短期、眼前的收益，缺乏长期的经营计划和收益预期。当市场行情发生波动，当农产品市场价格高于农户签约价格时，小农户选择弃约比例很高，导致的违约等机会主义行为非常明显，因而一般信誉较差。同样，对于一些小型企业也存在这样信誉度不高的问题，当小企业遇到不可抗拒外力或市场行情不好时，亏损严重，很难承担风险，同时违约代价远远低于市场损失时，小企业通常会选择放弃信誉。

国内一些中小企业在信誉机制建设方面还存在一定的问题。无论是农户还是企业，一旦选择了欺骗，将永远不再得到信任。农户往往在短期收益和可能的长期收益的现值进行比较后做出选择，只有在农户可能的长期收益现值大于短期收益的情况下，农户才有积极性选择诚实守约，双方的合作行为才会一轮一轮地出现。这就是无限重复博弈所创造的信誉机制。按照无限重复博弈所创造的信誉机制的要求，企业必须始终让农户看到继续合作的利益和弃约的长期损失，并在短期合作里提供农户较高的利润配额。否则，企业的信誉机制很难建立。

（二）契约双方的主体地位不对称

现代市场经济的实践证明，市场经济平等竞争、公平交易的前提是交易主体之间的地位对等。在我国以"公司+农户"为主要形式的农业产业化经营组织模式，无论从技术、资金、资产、信息等，还是对企业利益分配与控制等方面，企业都具有绝对的垄断地位。企业是合作的强势主体，基地农户是契约的弱势主体。合作双方主体地位是不对称的，双方可选择机会差异大。实力雄厚的经营大品种的公司可在多个地方任意选择农户，农户只能处于被选择的地位。农户和"龙头"企业的关系实质上是从属或依附关系。因此，农户与公司的交易、签约和利益分配处于从属地位，农户很难合理分享交易利益，更谈不上获得平均利润了。农户成了公司致富的手段，契约难以持续长久维持。

（三）信息不对称和契约的不完全性

在农业产业化经营中，经济主体信息存在巨大的差异。越是大公司相对于农户的信息越不对称，尤其是大公司对小农户。受机会主义行为的驱使，信息不对称程度越大，信用市场中产生逆向选择与道德风险的可能性就越大，双方契约关系内在的风险性也就越大，契约风险度就越高，商品契约也就越不稳定。

在"公司＋农户"模式下，农产品购销合同是不完全的。在公司与农户签订产销合同时，无法对未来农业生产和商品市场提前做出准确的预期，在公司与农户的有限理性下，契约给双方都留有一定的风险空间。另外，公司与农户签订契约的交易成本高昂，交易双方就会依据理性原则订立不完全契约。这种不完全契约给契约双方留下许多规避风险的空间，同时给这种交易模式正常运作带来许多隐患。不完全契约的约束力相对低，在软约束契约下，违约或其他机会主义的情况下，很难保证契约的正常实施，导致履约问题得不到解决。契约软约束的存在降低了商品契约的稳定性。

（四）主体双方利益的对立统一

"龙头"和农户之间的利益关系既存在统一又存在对立。所谓统一是追求各自利益时必须以不能损害整体利益为前提，整体利益的损害对各经济主体都是损失；所谓对立是双方均各自追求自己的利益最大化。因合作而产生的减少交易成本等方面增值利润本应大部分给农民，因加工增值的利润部分也应分给农户。但因现实生活中利润界限不清、信息不对称、主体地位失衡的状况等原因，龙头企业往往利用优势地位获取两部分利润，农民利益无法合理获得与保证，所以真正理想的"风险共担、利益共享"的利益机制是非常不容易建立的。

（五）契约执行过程中的逆向选择和道德风险因素

逆向选择是指不诚实守信的经济主体，在信息不对称的条件下，通过私人信息签订利己的不合理合约。道德风险是指农户和企业单方或双方，不按合同规定诚实履约。农户偷工减料、以次充好，而公司压价、压级收购农产品，各自以实现自身利润最大化为目标。无论是逆向选择还是道德风险，都将损害农户和公司双方的利益，导致违约现象。

（六）违约收益高于违约成本

在经济市场发生波动、农产品的市场价格高于契约价格时，会诱发农户的违约行为发生。农户不按照规定的数量、价格、品质等履行契约，倾向于把农产品销售到市场；同样，当农产品的市场价格低于契约价格时，公司为避免损失倾向于选择从市场上购进农产品或压低农户的农产品价格。在诉诸法律的成本高于获益的情况下，无论是公司还是农户，往往都会选择不起诉，从而导致契约自然失效。

四、契约不稳定性政策建议

从我国农业产业化经营实践中可以看出，农业产业化发展形成的公司和农户的契约关系存在许多问题，致使违约率较高。有效解决小生产与大市场的内在矛盾，还依赖制度创新和产业化政策的积极引导。

（一）积极扶持农民专业合作社，大力发展农民保护协会

基地农户比较分散，相对于企业完全处于劣势地位。要想提高农户的地位，必须把分散的农户联合起来，形成一个团体。把农户组织起来不外乎两种途径：一是农户直接联合，形成农业合作社。鼓励和支持农民联合，制定扶持农民专业合作社的措施。通过发展农民专业合作社，提高缔约时的谈判地位，保护农户的合理利益，加强公司与农户契约的稳定性。二是中介组织的介入，如农户保护协会。一些代表农户利益的非营利团体的介入，可以监督企业、威慑企业避免跟农户签订不合理和虚假契约；同时，企业出现违约时，中介组织可以通过法律的途径保障农户的合法权益不受侵犯。

（二）鼓励和支持专用性资产投资

增加公司与农户专用性资产投资，提高契约双方的退出成本，强化契约双方的互利关系，保障契约的长期稳定。提高公司良种站、农产品加工厂、储运冷藏厂、购销网点、技术服务站等专用性资产的投资额度，强化农户对种养基地、生产设备及其维护、专门技能培训等方面的投资，提高公司与农户双方违约的成本，从而提高契约的稳定性。

（三）完善风险保障机制

小公司和基地小农户抵御农业及其衍生产业风险的能力都较低，应探索多种途径、多形式的农业产业化发展的风险保障机制，弱化市场风险对双方合作的冲击，提高双方抵御风险的能力，增强契约稳定性。在政府的积极引导和支持下，银行、中介或金融机构创办

风险基金,当农产品的市场价格低于合同价时,对按合同价收购农产品的公司或龙头企业,实行基金补偿,降低企业违约率;当农产品市场价格高于合同收购价格时,可以通过风险基金给予农户部分补偿,避免农户违约,保障农户的利益不受损失。

(四)探索有效的契约行为监管机制

农业产业化经营模式具有农户相对分散性和龙头企业高度集中性的特征。农户的分散性特征是小农户和大市场真正实现有效管理的难点,也是契约丧失约束力的根本原因。如果企业违约,分散农户不容易凝聚成一体,农户联合维护自己的合法权益成本太高,使合同对企业的约束力大大降低。当农户违约时,企业追查各个农户责任的代价很高,清查成本可能高于违约损失,致使企业无心追查,使合同约束机制流于形式。再加上契约不完全性的存在,为机会主义行为提供了有利条件。因此,建立有效的契约监管机制是解决小农户和大市场监管困难的关键。

(五)建立信誉等级评价机制

一般来讲,大企业相比小企业抗风险能力较强。企业规模越小,抵御市场风险的能力就越低,信誉就相对差一些。在农业产业化发展不成熟阶段,探索建立农业产业化经营中公司与农户信誉等级评价机制十分重要。它直接关系到农业产业化经营能否健康发展。企业和农户之间一旦出现不守信的问题,双方将失去以后继续合作的机会,企业长远的生机或农户经济发展都将受到严重的影响。目前,农业产业化经营企业和农户的信誉度差,信誉机制不健全,很大程度上降低了农户与企业间交易合同的履行效果,增加了契约的不稳定性。

第四节 农业产业化与农地流转

一、农地流转是农业产业化产生和发展的必然前提

关于农业产业化的内涵特征,尽管学术界的看法仍未完全一致,强调以市场为导向、以经济效益为中心,要求农、工、贸、科一体化经营,农户、企业、合作组织等各经济主体自愿结成共赢的利益共同体,农业生产的产前、产中、产后各个环节整合成一个产业系统。就农业产业化的经营模式而言,理论界的看法也大同小异。学者将我国农业产业化的经营

模式归结为四类：龙头企业带动型、主导产业带动型、市场带动型和中介组织带动型。在农业农村部农业产业化发展报告编委会的分类中没有主导产业带动型，且将其他三类进行了细分，其中龙头企业带动型细分为"公司+农户""公司+基地+农户""公司+合作社+农户""公司+行业协会+农户""公司+经纪人+农户"等，市场带动型细分为"合作社+农户"和"专业协会+农户"两种类型，并讨论了不同模式的具体运转方式和优劣。不难看出，农业产业化实际上是关于产业链联结的契约集合，而其具体的经营模式实际上是这些契约的表现形式。

契约可以分为要素契约和商品契约两种类型。要素契约主要表现为土地租赁企业先租用农户现有的土地使用权，再把依附于土地上的农民变为土地上的工人；商品契约主要表现为订单农业，企业与农户签订合同，依照合同收购相应的产品，有时还包括产前、产中的配套服务及规范标准。对要素契约而言，必然涉及农地流转问题。而对商品契约而言，在生产过程中专门性投入越高的农户，参与订单农业的可能性越大；另外，有研究人员利用我国15个省的微观数据分析得到相似的结论，即农户生产的专业化和商品化程度对其参与订单农业的行为有显著的正面影响。自20世纪70年代末期开始实行土地制度改革以来，农地在集体内部均分，出于平等的需求，往往根据地块的肥沃程度、距离远近进行分块，好坏搭配均分给农户，在我国地少（耕地少）人多（农民多）的国情下，这种初始分配方式导致农户承包地的高度零碎化。这种零碎化直接影响了农户的生产效率，降低了市场竞争力，限制了农户生产的专业化和商品化，不利于农户参与商品契约。此外，在目前中国城乡二元经济体制下，农产品价格波动频繁，农户为避免市场风险，利用零碎化的土地，追求较为保险的兼业经营，既妨碍了农户生产的专业化，又进一步固化甚至提高了耕地零碎化的程度，也无法形成区域化优势和品牌优势，从而进入一个恶性循环中。因此，无论是要素契约还是商品契约，农业产业化的运转必然依赖农业用地的流转，农业用地的流转机制创新问题是农业产业化产生和健康发展的基本前提和核心问题。

土地产权制度直接影响农业产业化的主体——农户的行为，包括农户对产业结构的调整，进而影响到农业产业化。既定的产权结构和产权约束不利于农地流转，导致严重的兼业化，造成土地无法形成规模经营，农业产业化的专业化水平不高、产业化程度不深、效率不高等后果。因此，建议在解决农户的社会保障问题、提高非农就业机会和农户人力资本水平的前提下实行农地所有权归农户，从而提高农业产业化绩效。

二、商品契约、要素契约和农地流转

观点一：学者认为中国农业产业化绩效不高的原因在于家庭承包制既有的产权结构和

产权制度约束了农业产业化的发展,均分化的地权不适应农业产业化经营的规模化要求,强调农业流通领域的市场化和农业生产过程的企业化,尤其是后者,实际上是要求用要素契约的方式来组织农业生产,使土地集中于农业资本手中。这一建议的重要依据在于,以订单农业为表现形式的商品契约因为"先天不完全"的特征,在缺乏有效制度约束的前提下,因逆向选择和道德风险造成契约执行的失败,难以满足农业产业化、规模化的要求。

观点二:学者认为订单农业的合约,尤其是短期合约,具有"注定不完全性",如信息不对称会引发隐藏知识和隐藏行动的行为,而界定或完善合约条款的成本过高,而由资产专用性引发的敲竹杠等问题会造成履约困难。此外,因为农户与订单发起单位(主要是企业)地位不平等,从而陷入更大的生产风险,且目前的不完全合约理论难以找到规制这类合约的有效方法。

观点三:学者在案例研究和理论分析的基础上发现,在公司选择守信的前提下,产品专用性是决定商品契约稳定性的首要因素。他们认为,在产品专用性弱和中等的情况下,应通过组建中介组织、发展大农户等来改变目前小农户占优势的农户结构,从而有效地改善商品契约的稳定性。显然,他们的分析忽视了企业的机会主义行为问题。

观点四:学者认为商品契约在资产专用性和声誉机制的约束下在长期内达到稳定,足以保证龙头企业长期支配农户的土地和劳动力要素,从而达到与要素契约相同的效果。但是,他们在商品契约的分析中只关注对企业机会主义的约束机制,而商品契约的另一方农户同样存在的机会主义动机和行为,该文并没有进行分析。如果考虑到对农户机会主义行为的规避,商品契约的作用效果还须做更进一步的研究。

观点一的学者基于商品契约的缺陷而否定农业产业化过程中的契约安排,强调要素契约的重要性。的确,与商品契约相比,要素契约具有直接性、长期性、稳定性的优点。对不耐储藏或者需要及时加工处理的农产品,如牛奶、家畜、家禽以及甘蔗、甜菜、橡胶等经济作物,或者市场交易环境不确定性很大,如市场距生产地较远、市场价格波动大的农产品而言,要素契约的稳定性、长期性对于降低不确定性和协调组织生产的成本具有重要的意义。此外,在要素合约下,农业产业化龙头企业可以大规模租赁耕地,坚持要素合约的学者往往强调土地规模经营中的规模经济,如主张大面积连片经营的机械化农场模式,可以获得劳动力、水利设施、农业机械满负荷工作效率以及采购销售上的谈判好处。农地经营中是否存在规模收益递增现象,这一问题是要素契约是否具有优势的关键假设,也备受农业经济学研究的关注。

农地经营规模和经济效率的关系,是正相关、负相关、不相关,还是存在一个最优规模,在理论研究和经验研究上一直存在着争议。通常,由于资本的不可分性,如农业机械的使用往往要求土地达到一定的规模；同时，土地规模的扩大产生雇工的需求，进而产生了因为信息不对称导致的监管成本和效率损失。因此，农场规模取决于两种资本成本和劳动力成本的对比对这一问题做了进一步的阐释，学者从技术角度出发，认为不同的技术往往导致不同的最优农地经营规模，当农地小于该技术所要求的规模时，呈规模报酬递增，但是一旦超过最优规模后，通过技术变迁以适应更大的农地规模，就是在技术变迁和农地规模变动的相互适应的过程中，在不同的技术间形成一个最低平均成本包络线，因此土地规模和经济效率在长期中基本上表现为不相关。学者还讨论了其他影响农地经营的规模经济的因素：①劳动力机会成本的核算问题，比如如何将农业劳动的效用估算到机会成本中；②大农场可能在投入品的获得方面以及产品的销售方面有着更低的交易成本、更多的信息优势和更强的谈判权利，从而具有所谓的金融外部性，进而推动农地经营规模的扩张；③税收政策、风险管理、产品质量、市场细分、环境保护等问题也对农地经营的规模经济有正面或者负面的影响。因此，对于这一问题的解决在理论上众说纷纭，需要稳健的经验研究证据。关于西方国家的经验研究认为，平均成本和土地规模呈 L 形。但是，对发展中国家的部分经验研究发现土地规模和生产率之间呈负相关的关系。因此，经验证据难以支持农地经营的规模收益递增。在对中国的经验研究中，东北地区相对中国的其他地区而言，人地关系紧张程度较低，对东北地区的经验研究也表明，大规模土地经营与小规模家庭农户相比，并没有显示出全要素节约优势和单位产量优势。学者进一步指出，土地的小规模经营没有影响农业机械化的发展，租赁方式解决了资本的不可分性问题，农业机械对劳动力的替代取决于两者的相对价格，与经营的土地规模大小无关；土地的规模经营受制于农村劳动力转移和农地流转的速度和程度。目前的经验研究主要针对粮食作物的研究，对经济作物而言，规模经济的好处是否存在，还有待进一步分析。如果土地规模经济不存在了，要素契约论就丧失了一定的理论支持。

在我国，农地流转是农业产业化产生和发展的必然前提，针对这一问题已达成共识。农业产业化过程中的商品契约和要素契约直接决定了农地流转的程度和规模，中国的农业产业化到底是走以商品契约为主还是以要素契约为主之路仍然存在争议，进而农地流转是基于农户之间的小规模调整还是基于耕地向大资本集中也尚存争议。目前，对两种可相互替代的契约的研究而言，需要统筹分析的框架和思路，并在此基础上讨论区域和行业的细分问题，避免政策建议一刀切的现象，这些都需要在理论和经验研究上做进一步的发展。此外，成功的农业产业化将提供更多的非农就业机会、更高的土地收益以及租金，促进城市化尤其是小城镇的发展，这些将有利于解决农地流转过程中的一些问题，如流出方关注的土地租金、非农就业以及社会保障问题和流入方关注的收益问题等。当前的文献对于农业产业化对农地流转的促进作用以及可能产生的影响,尤其是产业化过程中交易成本节约、效率提升的收益分配问题、农户福利问题的分析不多,需要在这些方面做进一步的研究,这些问题的解决有助于土地健康、有序、顺畅地流转。

基于中国的农地产权结构、农地流转制度分为农户供给型和集体供给型两种模式。前者发展水平较低,但是近年来发展迅速,不过农户的流转意愿并没有得到很好的实现,且欠规范;后者发展迅速,但是问题突出,遭遇制度、政策瓶颈。两种模式各有优劣,在促进效率、平等和解决耕地零碎化程度上,相关研究仍处于争论之中。影响农户供给型农地流转的因素分析仍应从农户理性的角度出发,在非农产业的发展、农户的社会保障问题、乡村政治以及部分关于农户家庭特征的控制变量上,各项研究基本上达成一致,但是在各种细化的产权结构的影响、农户的有效需求方面仍存在一定的分歧。目前的农地流转制度创新主要集中在集体供给型这一模式上,如何解决流转利益在不同主体之间的分配等问题还须做进一步的深入研究。最后,我们要关注,不同农地流转模式的优劣之处和影响农地流转的因素可能在各区域间以及农业与各行业间呈现不同的特征,这对政策建议的合理有效与否起关键作用。

第七章 农业产业结构与布局

第一节 农村产业结构

一、农村产业结构的概念

产业结构一般是指一个国家或地区社会分工体系中各种产业之间的分类组合状况和各部门之间的比例关系和相互联系。

农村产业结构是指一定时期农村地域内各个产业部门之间、各产业内部之间的比例关系与相互联系。具体地说，农村产业结构指农村中的第一产业农业（种植业、林业、牧业、渔业），第二产业的工业、建筑业，以及第三产业（交通运输业、商业、饮食业、金融业、旅游业、信息业等服务业）在农村经济中的组成和比重。它通常以各业总产值或增加值的构成及劳动力在各业的分布等指标予以反映。

在我国农村产业中，非农产业产值不断增大，其中工业比重最大，这是农村经济全面发展的重要标志，也是中国工业化的重要特色。农村建筑业是农村非农产业的重要组成部分，交通运输业是农村商品化、市场化的需要，也是农民易于进入的产业，商业、饮食服务业是农村传统的行业，信息业、旅游业正在农村兴起，日益成为农村经济的必要组成部分。

20世纪70年代中期我国农村各业总产值中农业总产值占2/3以上，反映出当时我国农村中以农业为主的产业结构。20世纪90年代中期以后，随着改革开放的逐步深入、乡镇企业的快速发展，农村非农产业已占农村社会总产值的3/4，其中农村工业已成为很多地区农村的主要产业。21世纪以来，随着农业产业化发展，农村工业、第三产业快速发展，在农村产业结构中的比重不断上升，进入产业结构深化发展阶段。

可见，任何一个国家和地区的农村产业结构都不是一成不变的，不同的农村产业结构，具有不同的社会效益、经济效益和生态效益，合理的农村产业结构可实现三者的最佳结合。因此，根据社会经济技术发展的要求，不断优化农村产业结构，使农村各产业及内部各部门间保持合理的结构比例，有利于助推农村经济发展。

二、农村产业结构的特征

由于自然、经济、社会条件的不同，农村产业结构在不同时期、不同地区、不同国家都会有所不同，但从根本而言，农村产业结构呈现出如下特征：①基础性农村是由农村社会系统、农村经济系统、农村生态系统交错组成的大系统，农村产业系统则是决定其经济功能的主要子系统，它决定并反映农村经济发展水平，并在一定程度上反映一个地区甚至国家的社会经济发展状况。②系统性农村产业结构是一个系统概念，农业、农村工业、建筑业等物质生产部门及交通运输、商业、金融、信息、旅游和服务业等非物质生产部门相互依存、相互制约。农业是基础，现代农业的发展依赖工业的发展；农业和工业的迅速发展又要依赖为其提供产前、产中、产后服务的第三产业的进一步发展，而第三产业的发展又以第一、二产业的发展为条件，从而三者构成了相互依存、不可分割的农村产业系统。③地域性农村作为一个空间地域性的概念，其具有的各种自然资源、地理位置总是存在着地区差异性，因而各地区三次产业的发展、数量比重与结合方式总存在地区差异性，进而带来农村产业结构的地域差异。④不平衡性农村产业的发展受自然、社会等多重因素影响，又与农村经济、政治、文化条件相联系，从而导致各地区农村经济发展水平不同，也使产业结构呈现出不平衡性。

三、农村产业结构的影响因素

生产力水平是决定农村产业结构的最主要因素。生产力水平决定社会分工和专业化程度，从而决定着农村产业的部门和层次结构。生产力水平低，农村经济落后，没有充分的分工分业，也就不可能有农村生产的专业化和社会化，因而农村产业结构必然比较简单。同时，生产力水平决定人们开发和利用自然资源的程度，随着生产力的不断提高、技术的不断进步，能够有条件充分发挥自然资源和经济资源优势，使农村产业向着专业化的商品经济发展并使其结构不断优化。如农业中使用机器以后，不但可以向农业生产的广度和深度进军，而且可以解放出更多农业劳动力发展农村第二、三产业。

自然资源条件和经济资源条件是形成农村产业结构的物质基础。就我国农村地区而言，各种资源的分布是不平衡的，产业结构和农业生产水平与当地的气温、雨量、光照、地形、土质等自然条件关系密切，也直接或间接地影响农村其他产业的发展。劳动力、资金、技术、交通等经济资源的优劣决定了农村对市场、信息、资金、物资等利用程度的不同，从而使农村各产业的形成和发展存在差别。如经济条件较差的偏僻山区，由于交通不便，产品运输困难，不得不选择自给自足型的农村产业结构。

人口及其消费结构是影响农村产业结构的重要因素。人既是生产者又是消费者，个人消费结构首先取决于人均收入水平，随着人均收入的增加，个人用于吃、穿、住、行的支出结构将发生变动，农村消费会由自给型向商品型转变，由雷同型向多样型转变。消费结构的这种转变，不仅影响农村产业结构的调整，还将影响整个国民经济结构的变化。

国内外贸易是影响农村产业结构的外在因素。在开放型的农村经济系统中，生产力发展水平和资源条件只决定有可能建立什么样的农村产业结构，而社会对产品的需求决定着需要建立什么样的农村产业结构。为保证农村经济系统的高效运行，获得最大的比较效益，必须根据不断变化的国内外市场需求，特别是在对国内外市场进行科学预测的基础上调整农村产业结构。

经济制度、经济政策及农村经济管理水平对农村产业结构的形成有重要影响。经济制度反映不同阶级的利益，如社会主义国家经济制度、经济政策的根本目的在于促进经济发展、为广大人民利益服务。同时，不同的经济政策如农产品价格、税收、信贷政策等也会影响农村产业结构；此外，农村经济管理（如经营决策、经营计划、组织形式等）水平的高低对农村产业结构的合理程度也有较大影响。

四、农村产业结构调整的原则

农村产业结构是指农村中各产业部门之间的比例关系和相互关系。它具体表现为农村劳动力、固定资产及其他资源在各产业之间分配构成的状况，是农村生产力结构的中心。农村产业结构不断调整优化，即农业从简单再生产时代的单一种植业结构，逐步进化调整为大农业结构，再继续上升到多元化产业结构，这种产业结构由单一到多元，逐步细化的过程，将使产业结构越来越合理，生态循环越来越平衡，经济效益越来越提高，因此是一个产业不断升级进化的过程。这种不断升级的运动，是不以人们的意志为转移的，而是自然规律和经济规律的必然趋势，也是社会进步的客观要求。农村产业结构的调整应遵循下列原则。

（一）因地制宜的原则

我国各地区自然条件、经济状况、农村产业发展的历史与现状等方面存在较大差异，因此在农村产业结构调整过程中，必须坚持因地制宜的原则，实事求是，根据不同地区特点选择主导产业和主导产品，形成优势互补、各具特色、良性循环的农村产业结构的新格局，最大限度地避免不同地区间农村产业结构的低水平重复，合理配置和充分利用各种经济资源。

（二）循序渐进、可持续发展的原则

农村产业结构调整是个渐进的过程，不是自然过程，它必须充分考虑资源条件和可能性。如果条件不具备，结构调整就不会顺利，硬性调整效果也不会好。因此，在农村产业结构调整过程中应避免操之过急，要搞好总体规划，循序渐进，有步骤、分阶段地把农村产业结构调整好。此外，还应强调可持续发展原则，即产业结构调整要从长远目标入手，以服务现在、着眼未来为宗旨，讲求依靠科学技术进步，注意保持生态环境平衡，使农村产业结构调整与生态保护和环境规划结合起来，寻求农村的人口、经济、社会、生态环境之间相互协调发展，促进长远综合效益的持续提高。

（三）市场调节与宏观调控相配合的原则

产业结构调整的实质是以市场为导向，合理配置和充分利用自然资源和经济资源，提高资源的利用效率和经济效益，实现效益最大化的合理结构。

我国实行的社会主义市场经济特别强调市场对资源的基础性配置作用。通过利益机制驱动，市场机制可自行调节各项经济资源，实现资源的优化配置。同样，农村产业结构调整也离不开市场机制本身。但是，也应该看到市场机制本身的弱点，如信息传递的滞后性和短期性目标等。因此，为克服市场机制配置资源的弊端，就需要政府制定相应的产业政策进行宏观调控，正确引导。

（四）质量效益原则

以往农村产业结构调整是在卖方市场背景下进行的，追求的是农产品数量的叠加。就全国而言，农产品的买方市场已经形成，农村产业结构调整必须在稳定基本农产品供给的前提下，注重农产品质量和品质的提高，全面提高农业和农村经济的经济效益，促进农业经济增长方式的根本性转变。

五、农村产业结构调整对策和建议

农村产业结构是一个有机的整体，各产业部门之间既相互联系又相互制约。因此，需要全方位推进、各方面配合。

（一）充分发挥政府在农村产业结构调整中的作用

政府的有效启动是农村产业结构调整得以顺利进行的组织保证。政府在农村产业结构调整和优化中的职能表现为：①确定产业结构调整方向。农村产业结构调整是从宏观上协调农业内部各层次、各产业之间的比例关系，引导农业的发展方向。政府确定农业产业结构调整方向以引导农业正确发展，是政府宏观管理农业的首要职能。②制定产业结构调整规划。是指政府农业职能部门在科学研究基础上向农业经营者提供指导性意见，主要是为农业基础部门和农民进行结构调整给予科学指导。在制定产业结构调整规划时，既要考虑国内外市场需求变动，又要深入分析当地的特点和优势。③提供公共产品。在农村产业结构调整中，最重要的公共产品是农业基础设施。我国农村基础设施十分落后，极大地影响了农村经济发展进步。加快农村基础设施建设对农村产业结构调整有多方面深远而现实的意义。④规划与健全市场体系。农村产业结构调整及优化的保障是健全的市场体系。政府的首要职责是健全和加强产地批发市场建设；其次是加强市场信息网络建设。⑤采取经济手段激励执行产业政策。主要有价格政策、税收政策、信贷政策。

（二）依靠科技创新，促进产业升级

科技创新是调整产业结构，促进生产力更快发展从而带动经济和社会更快进步的强大推动力。这是历史的结论，是经过实践反复证明了的真理。科技创新从供给和需求两方面影响产业的投入产出状况及生产要素的配置和产出效率，从而推动农村产业结构变革。从供给方面看，科技创新对产业结构的影响具有直接性，主要是通过提高劳动力素质、改善生产的物质技术基础、扩大劳动对象范围、提高管理水平等途径来实现的；从需求方面看，科技创新对农村产业结构的影响，则是通过影响生产技术、消费需求以及出口，即借助于需求结构的变动来实现的，属于间接影响。在现实经济中，这两种影响经常交织在一起，共同促进产业结构调整。

当前，要彻底排除科技通向农户的各种障碍和约束，如信息约束、科技转化能力约束、风险约束等，在加强农业科研的同时，把技术开发、技术推广、教育结合起来。一是加速我国现代农业科技创新体系建设；二是建立雄厚的农村技术储备体系，增强农业发展后劲；三是建立健全农业技术推广体系，疏通科技物化渠道；四是建设科技示范工程；五是加强种子工程建设，为农村产业结构的调整提供优良的动植物新品种。

（三）全面提高农产品质量

我国大部分农产品市场已由过去的卖方市场向买方市场转变，同时人们的生活水平也由原来的吃饱、吃好、吃得安全，向吃得健康转变。一方面市场上对优质稻、优质棉、优质猪肉等名、优、特农产品存在较大的需求空间，另一方面，有大量的劣质农产品库存难以消化。因此，全面提高农产品质量，发展绿色食品已成为新一轮农村产业结构调整的重要方面。一要合理确定商品品质差价,价格既不能过高,也不能太低,太高会因高昂的价格失去一大批客户,从而失去优质农业得以发展下去的良性循环;太低则会挫伤农民发展优质农业的积极性,使优质优价政策难以得到有效的实施。二要规范市场行为,保证优质优价的可靠性和产品的声誉。

(四)实现龙头企业和小企业共同发展

大力发展乡镇企业,对农村产业结构的战略性调整具有重要意义。龙头企业和小企业共同发展是乡镇企业的方向。发展龙头企业的带动作用成为共识,但龙头企业的发展只是乡镇企业的一部分,在乡镇企业发展比较成功的浙江等省份也是龙头企业和小企业全面开花。甚至好多企业就是家庭作坊,对此现象我们不能视而不见,因为这部分小企业是龙头企业具有生命力的重要依托,是乡镇企业的活力所在。龙头企业的作用不用多说,但龙头企业的数量毕竟有限,能解决的问题也只是一部分。在扶植企业时,重心应该向小企业偏移。20世纪80年代初期,大量的温州人就跑到全国的各个角落,用饮食业、缝纫业、皮革业、理发业、修理业这些看起来很不起眼的行业积累资金、学到技术、沟通信息、学会经营,从而使得自身在市场经济发展的今天占得先机,完成了资本积累,为后来大企业的发展奠定基础。18世纪的工业化大革命,使得纺织、机械制造及许多用品的制造,都实现了从手工、到作坊、到企业生产的变化。另外,乡镇企业发展过程中资金将是瓶颈,发展这些小的行业可以节约资金、解决就业。这些行业的好处是只要认识到商机的出现就可以上马,而不需大量资金。农村小城镇建设滞后,吸纳劳动力的能力低,实现农村城镇化需要一个过程,依靠小城镇拉动农村劳动力充分就业是一项长期的任务。因此,必须给小企业发展提供充足的空间。

第二节 农业产业结构

一、农业产业结构的概念

农业产业结构通常称为农业生产结构,简称为农业结构,指一个国家、地区或农业企业的农业产业各部门之间和各部门内部的组成及其相互之间的比例关系。它是农业资源配置中的一个基本问题,也是农业生产力诸因素如何恰当结合的基本问题,其合理与否直接影响着农业甚至整个国民经济的发展。

农业产业结构具有量和质的规定性，它不仅要从投入和产出的角度反映农业各组成部分之间在数量上的比例关系及其变化趋势，还要反映各组成部分怎样相互结合，它们在生产结构中的主从地位、依存关系、相互作用以及生产结构在内部各要素和外部环境作用下的运动规律等。

广义的农业包括农业（种植业）、林业、畜牧业和渔业，这四业的构成和比例关系是农业的基本结构，也称一级结构。农、林、牧、渔业全面、协调发展有助于充分利用农业自然资源，保持自然界生态平衡，使整个农业持续、稳定、健康发展。但是，农业结构受需求、自然条件、生产力水平等多因素影响，各业发展速度不同，所占比重也不断变化。

狭义的农业结构专指种植业结构。种植业包括粮食作物、经济作物和饲料作物的生产，其结构合理，对改善人民生活、促进轻工业发展有重要意义。粮食是保证人民基本生活和国家建设的最重要的物质资料，在农业生产中有特殊重要的地位；经济作物包括棉花、油料、糖料、麻类、烟叶、茶叶、水果、药材等，其满足轻工业原料需求和人们生活多样化的需求；畜牧业的迅速发展也使得以各类牧草为主的饲料作物种植增加。

二、农业产业结构的内容

农业产业结构所包括的产业，通常是由一个国家的农业概念所决定，但都具有多层次性。有的国家农业只包括种植业和畜牧业，有的国家还包括林业、渔业。我国 20 世纪 80 年代以前，统计农业产值包括农业（种植业）、林业、畜牧业、副业和渔业，其中副业主要指农民从事采集野生植物，捕猎野兽、野禽及农民家庭兼营工业产品的生产活动。

在农业内部又包括产品性质和生产特点不同的各种产业类别，如在农业（种植业）中包括粮食、棉花、油料、糖料、蔬菜、水果等；在林业中包括用材林、经济林、防护林、林下特产等；在畜牧业中包括养猪业、养牛业、养禽业等；渔业中包括养殖业与捕捞业等。这些产业的比例关系与结合方式，构成了农业产业的二级结构。二级产业内部又可以根据产品种类和经济用途分为若干类别，如粮食可以分为水稻、玉米、小麦等；养牛可以分为奶牛、肉牛等，依此类推，构成了农业产业的三级结构。随着产业分工的发展，农业产业有日益细化趋势，构成了农业产业的四级甚至五级结构。

多种多样的农业产业结构受一定条件的影响，随着时间、空间条件的变化，农业产业结构也要发生变化。农业产业结构量的变化可通过农业总产值或增加值结构、农业商品产值结构、土地利用结构、农业劳动力利用结构、农业资金利用结构等反映。

三、农业产业结构的形成条件

生产力水平是农业产业结构形成和发展的主要条件。不同的农业产业结构是一定时期生产力水平提高到不同程度的产物。人类历史证明，生产力的发展进程决定产业结构的发展进程。农业时代，从原始农业到传统农业转变，农业与畜牧业、手工业、商业分离，但粮食生产依然是主要的产业部门，而生产规模狭小、产量低、自给自足是最明显的时代特征。工业时代，农业工业化成为最主要的产业结构特征。

需求是农业产业结构形成和发展的前提条件。现实生活中存在着两种消费需求，一是生活资料消费需求，即人们为了生存、繁衍后代而产生的商品需求；二是生产资料消费需求，即工农业生产者为了保证生产的不断进行而产生的商品需求。市场经济条件下，产品只有适应需求进入消费，才能成为现实产品，需求成为生产的导向与产业增长的动力，从而成为产业结构形成和发展的前提条件，需求的多样性也促进了农业产业结构的多样性。

地理环境是农业产业结构形成和发展的基础条件。地理环境包括地形、地貌、气候、河流、土壤、植被等自然要素，它们相互联系、相互制约，形成一个有机整体。地理环境中资源的组成特点、时空分布及其功能在一定程度上制约和决定了各产业的内部结构和外部联系，决定了产业结构模式在地域上的差异性。

劳动力是农业产业结构形成和发展的内在条件。产业结构发展的过程离不开劳动过程的三要素：劳动力、劳动对象和劳动资料。其中劳动力因素起主导作用，没有人的参与，没有劳动力素质的提高，就没有产业层次的提高。劳动力的数量和质量对第二、第三产业的发展规模和结构有重要意义，劳动力的合理比例、劳动力利用率的提高对产业结构合理化有重要作用。

资金是农业产业结构形成和发展的保障条件。产业结构的更新、完善和发展过程，实际上是各种生产要素重新组合的过程。有了一定数量的资金才能使各种生产要素增加活性，促进分工和专业化，形成新的生产力，改善产业结构。产业结构的发展规模和速度，很大程度上取决于资金的分配规律和增长速度。

科学技术是农业产业结构形成和发展的动力条件。科学技术是生产力发展的源泉和动力。科学技术为提高各产业生产要素的功能和协作程度提供了依据和保证；科学技术进步加快了旧产业部门的改造和新产业部门的建立，促使产业新格局的实现。改革开放以来，中国的国民经济发展和科学技术的结合，有了很大进展，科学技术正越来越有效地转化为生产力。可以预见，科学技术作为独立的知识产业，对产业结构的介入程度越深越快，产业新格局实现得就越早。

除上述条件外，经济政策如金融政策、财政政策、价格政策、劳动政策等，对农业产业结构的形成和发展也有着不可忽视的作用。

四、农业产业结构发展的规律性

(一)农业产业结构演变

在农业产业结构变化过程中,一般会经历如下发展阶段:①结构变革起步阶段。从传统产业结构向现代产业结构转变,表现为以粮食为主的农业结构转向粮食和多种经营相结合的结构。粮食比重下降,非粮食的多种产业比重上升,专业化生产开始形成,农产品商品量和商品率上升,农民逐渐以市场为导向进行产业选择。②结构改革发展阶段。农业产业结构形成了以粮食为基础、以专业化生产为主的产业结构,各国、各地区、各企业的农业产业结构已大不相同。农业产业内部的分工分业日益强化,农业已经基本商品化,市场调节着资源在各产业的配置。③结构改革高级阶段。主要标志是农业市场化条件下高效益的农业产业结构已经形成,农业专业化生产已占主导地位,优质农产品的比重大幅度上升,特别是高科技农业产业化的比重日益上升,农业的功能得到拓展,现代农业的产业结构已确立。

农业产业结构的量变积累到一定程度,会发生质的变化,或叫产业结构升级。

(二)农业产业结构变动的趋势

根据世界农业发展经验,农业的基本结构变动的趋势是:种植业比重下降,但其生产力水平日益提高;畜牧业比重逐渐提高,在经济发达的地区一般约占农业总产值的1/2以上,有的达到2/3以上;林业日益成为农业的重要部门,森林覆盖率在一些国家约占国土面积的1/3以上,但以生态功能为主;渔业越来越受到重视,成为食品的重要来源。

种植业结构变动的客观趋势是:在粮食生产水平不断提高、粮食产量稳定增加的前提下,经济作物、饲料作物比重稳步上升。我国近年的农业产业结构演变基本符合这一趋势。

农业各部门之间的相互关系存在两个规律:一是农业生产的专业化与一定程度的多种经营结合在一起;二是专业化与多种经营的发展速度在很大程度上取决于粮食发展水平。通过各地区、各生产单位充分发挥各自优势形成各具特色的农业生产专业化,进而实现全国范围的多种经营全面发展;同时,在一个地区或生产单位中,通过主导产业与辅助产业的合理搭配,实现一业为主的专业化与多种经营的结合。但是,一个国家或地区能否实现农业的专业化和多产业经营,一般来说要取决于其粮食的供给能力。

(三)农业产业结构变化的影响因素

一个国家、地区、农业产业结构的形成和变化受许多因素制约。影响农业产业结构形成的因素包括：自然资源，包括气候、土壤、水源、地形地貌等；经济发展水平，特别是人们对农产品的需求，包括数量和质量要求；人口的变化，包括人口总量和城乡结构等的变动；粮食的供求状况及其对农业布局的制约情况；交通、运输、加工、商业等因素；农业经营的体制；历史上已经形成的产业结构及其特点；农业科学技术的发展和应用情况。

以上各种因素会在不同程度上引起调整农业产业结构的要求，这些要求将通过市场供求状况、农产品价格变动等来反映，这就是农业产业结构调整的市场导向。但从长远来看，农业产业结构归根结底是由社会生产力发展水平所决定，是一定社会生产力发展水平的结果。

从宏观农业产业结构演变可以看出一些规律：①农业宏观产业结构变化的动力是人的社会需求和生产力的发展，特别是科学技术的进步和劳动者素质的提高。②农业宏观产业结构的变化方向是产业链变长、产业之间的联结更紧密，投入更大、更科学，并且智能投入越来越多。③农业宏观产业结构决定农业所处的发展阶段，决定土地的人口承载力。

第三节 农业生产布局

一、农业生产布局的概念

农业生产布局简称农业布局，亦称农业配置，指农业的地域分布，是农业内部分工在地域空间上的表现形式。其主要内容包括：农业生产地区间的分工、区内农业各部门的结合形式和比例关系及具体安排、各农业区域间的经济交流和相互关系。

农业生产地区间的分工是指按各地区的自然、经济资源的不同，确定其生产的专业化方向及其规模，如农产品商品生产基地的选择及安排。区内农业各部门的结合形式和比例关系是指区内的生产组合和空间分布，包括区内有限资源的合理配置、优势产业和拳头商品的开发等。各区域间的经济交流及其相互关系是指在地区分工和生产专业化基础上的纵向及横向的交流与合作。

二、农业生产布局的原则

进行农业生产布局时，一般在符合国家或地区的经济发展需要的前提下，以农业区划为依据，充分考虑下列原则：①扬长避短，因地制宜，根据国家需要和不同地区的自然和社会经济条件，部署最适宜的农业生产部门。②生产同原料来源和产品的加工消费地区相结合，农业布局同工业相结合。如建立为工业和城市服务的工业原料、商品粮和副食品供应基地；在原料产地建立相应规模的农产品加工工业等，以利于农业的专业化和商品化。③促进农业生产地区间的平衡发展，在农业发达和较发达地区生产发展的同时，扶持不发达地区的农业，使之尽快赶上生产水平较高的地区。

三、农业生产布局的理论依据

农业生产布局学从萌芽到西方区位理论的建立，进而到我国农业生产布局理论体系的形成与发展，经历了一个漫长的历史过程。

在古代早期人类社会，虽然农业生产的门类极为简单、生产力水平很低，人们控制自然的能力十分弱小，但已认识到农业生产要求一定的生态适宜区域。如我国两千多年前的古代名著《尚书·禹贡》把全国领土分为九州，按州分别记载了土壤、物候、农产、交通、田赋等，这就是当时的农业布局。

汉代司马迁在《史记·货殖列传》中，以农业自然条件为依据，把国土划分为山西、山东、江南、龙门碣石以北4个区域，继而又细分为11个小区，并分区记述了自然、社会经济条件、农业生产特点和各区农业资源的利弊及其合理利用对农业生产的影响，这种农业布局思想比早期的更为复杂、周密。

近代在"农业生产布局学""区位论"早期思想上升为理论的过程中，做出突出贡献的是西方国家的一些地理学家、农学家和农业经济学家，他们从18世纪末以来就先后进行过农业区划与布局的研究，其中尤以德国、美国和英国学者的观点最具代表性与深远影响。如19世纪末德国人恩格尔布雷希特就提出并运用按农作物与禽兽及其他农林牧渔部门在地域内的优势划分农业区，后来美国的伯克尔也对这一方法进行了实践应用，这是西方国家出现较早，也是迄今为止采用较普遍的农业区划与布局论。20世纪20年代中期，德国人屠能在其《孤立国对于农业及国民经济关系》一书中提出了按照最大利润原则配置农业的理论，后发展成为按照农业经营制度、农业"区位"划分农业地带的学说。英国人史坦普在20世纪30年代提出以土地利用结构为依据、参照农业中的优势部门划分农业类型的理论，也较具国际影响。这些农业区划与布局理论于20世纪30年代传入我国，当时就有一些地学家、农学家和农业经济学家参照此对我国农业区域进行了划分，也成为现代划分农业生产布局的主要理论依据。

四、合理的农业生产布局的意义

合理进行农业布局，有利于发挥各地优势，提高经济效益、生态效益和社会效益；有利于应用先进的技术和装备，提高农业生产区域化、专业化水平；有利于农业、工业、交通运输业和商业在关联设施的区域配置上密切配合，从而提高全社会生产力要素配置的合理性；有利于促进各地区经济的均衡发展，促进边疆和少数民族地区的经济繁荣，加强民族团结。

五、农业生产布局的影响因素

农业是自然再生产和经济再生产相结合的物质生产部门，因而农业生产布局既受到光、热、水、土等自然要素的直接影响，又受到不同经济社会发展条件下市场、区位、技术、环境等因素的间接影响。

（一）资源因素

包括气候、土壤、植被、燃料、动力、森林和水力资源等，另外还包括地理位置。农业生产的自然再生产过程，也就是农产品生长、发育和繁殖的生理过程，都受到周围的自然环境，特别是光、热、水、土等条件的制约和影响。农产品对其生产的自然环境都有一定的要求，特定地域的农业自然条件对特定作物和动物而言，有最适宜区、适宜区、较适宜区和不适宜区之分，这决定了农业生产必须遵循农业自然资源的生态适宜性进行布局。

（二）市场因素

市场需求规模、结构差异及其变化对农业产业布局具有决定性影响。各种农产品的需求结构不同，产业区域分布要求也不同。如粮食属于刚性产品，自给比例高、耐储运，布局带流通量大，因此粮食生产布局可远离消费中心。蔬菜商品率高，收入弹性大，其消费量与人民收入水平密切相关，产品的保鲜程度对价格影响大，因此布局应尽可能接近消费中心。经济作物商品率高，主要为轻工业提供原料，必须与轻工业发展品质要求相适应才能长远发展，布局应尽可能接近加工企业。

（三）区位因素

包括交通区位和贸易区位，主要通过降低运输成本、交易成本等影响农业产业布局。交通区位对农业生产的规模和布局有明显影响，运输成本高、交通不便利的地区会使具有适宜性的农业资源在经济上变得不可行，难以使资源优势转变为商品比较优势。因此，交通区位条件的改善或靠近交通干线和交通枢纽的地区，能有效发挥区域农业自然资源优势。贸易区位是外向型农村产业布局的关键因素，经济的一体化和区域化趋势，对农产品市场及其国际贸易影响很大。作为幅员辽阔的大陆国家，我国不同地区对外空间的区位条件各不相同,其中的沿海、沿边地区具有更为有利的农产品国际贸易区位优势。

(四)技术因素

对农业生产布局产生直接影响的技术包括农业生产、储运、加工、销售等。现代以生物技术为核心的生产技术创新,可以突破生产布局的时空约束,农作物品种改良,加速各种抗逆品种、优质专用品种的研制与推广,可提高产品的生态适宜性,显著改变产品的生产空间分布格局;农膜、新农具、新栽培技术的应用有利于抢农时,利用全年的农作物生长期,从而扩大产业布局的范围和规模。储运、加工、销售技术的创新,有利于改善鲜活农产品的区位条件、提高农产品附加值、开拓新市场,推动农业生产布局向广度与深度拓展。

(五)环境因素

农业产业布局的形成与生态环境和政策环境密切相关。随着水土流失、土地退化、农业面临污染等一系列生态环境问题的出现,人们日益关注生产农产品的产地环境质量状况,原产地环境因素在农业生产布局的形成和市场竞争中的作用将越来越显著;政策环境主要通过营造制度环境作用于农业生产布局,在农业生产布局中忽视或夸大政府因素都是不科学的。基于此,大多数国家的政府均是介入农产品国际竞争力研究,基于研究和比较不断修改和完善其政策和法律,进而通过创造有竞争力的经济环境影响农业生产布局的空间位置和规模,最终促进优势农产品区域竞争力的提高。

第四节 农业生产布局的调整与优化

一、农业生产布局体系

(一)优化发展区

1. 区域特点

包括东北区、黄淮海区、长江中下游区和华南区,是我国大宗农产品主产区,农业生产条件好、潜力大。

2. 存在问题

存在水土资源过度消耗、环境污染、农业投入品过量使用、资源循环利用程度不高等问题。

3. 调整方向

坚持生产优先、兼顾生态、种养结合，在确保粮食等主要农产品综合生产能力稳步提高的前提下，对水土资源匹配较好的区域，壮大区域特色产业，保护好农业资源和生态环境，实现生产稳定发展、资源永续利用、生态环境友好，加快实现农业现代化。

（二）适度发展区

1. 区域特点

包括西北及长城沿线区、西南区，地域辽阔，自然资源丰富，农业生产特色鲜明，是我国特色农产品主产区。

2. 存在问题

生态脆弱，水土配置错位，资源性和工程性缺水严重，资源环境承载力有限，农业基础设施相对薄弱。

3. 调整方向

坚持保护与发展并重，立足资源环境禀赋，发挥优势、扬长避短，限制资源消耗大的产业规模，适度挖掘潜力、集约节约、有序利用，提高资源利用率。

（三）保护发展区

1. 区域特点

包括青藏区和海洋渔业区，在生态保护与建设方面具有特殊重要的战略地位，其中青藏区是我国大江大河的发源地和重要的生态安全屏障，高原特色农业资源丰富，海洋渔业区发展较快，具备发展特色农产品、草地畜牧业和生态渔业的优势。

2. 存在问题

青藏区农业生产水平较低，农村经济发展相对滞后，生态脆弱；海洋渔业区存在渔业资源衰退、污染突出的问题。

3. 调整方向

坚持保护优先、限制开发，对生态脆弱的区域，重点划定生态保护红线，明确禁止类产业，适度发展生态产业和特色产业，让草原、海洋等资源得到休养生息，促进生态系统良性循环。

二、中国农业综合分区

在农业生产布局体系划分的基础上，根据三大区的农业自然资源条件、社会经济条件及农业生产特征的地域差异，结合农业生产存在的问题与未来发展需要，将三大农业区具体划为八大分区，提出了各区农业生产布局调整的方向和重点。

（一）东北区

本区包括辽宁、吉林、黑龙江三省及内蒙古东北部大兴安岭地区，三面为大小兴安岭和千山山脉所围，是我国纬度最高的地区。

1. 自然经济条件和农业生产概况

东北区从南到北地跨暖温带、中温带和寒温带三个气候带，雨量充沛，年降水量 500～700 mm，无霜期 80～180 天，初霜日在 9 月上、中旬，≥10℃积温 1300℃～3700℃，日照时数 2300～3000 小时，雨热同季，适宜农作物生长。松嫩平原、三江平原、辽河平原位于本区核心位置，耕地肥沃且集中连片，适宜农业机械耕作，是我国条件最好的一熟制作物种植区和商品粮生产基地。

2. 发展方向

东北区是世界三大黑土带之一，应以保护黑土地、综合利用水资源、推进农牧结合为方向，建设资源永续利用、种养产业融合、生态系统良性循环的现代粮畜产品生产基地。

3. 布局重点

在典型黑土带，综合治理水土流失，实施保护性耕作，增施有机肥，推行粮豆轮作，在黑龙江，内蒙古第四、第五积温带推行玉米大豆、小麦大豆、马铃薯大豆轮作，在黑龙江南部、吉林和辽宁东部地区推行玉米大豆轮作。适宜地区深耕深松全覆盖，土壤有机质恢复提升，土壤保水保肥能力显著提高。在三江平原等水稻主产区，控制水田面积，限制地下水开采，改井灌为渠灌，到 2030 年实现以渠灌为主。在农牧交错地带，积极推广农牧结合、粮草兼顾、生态循环的种养模式，推行"525 轮作"（即 5 年苜蓿、2 年玉米、5 年苜蓿），大力发展优质高产奶业和肉牛产业。适度扩大生猪、奶牛、肉牛生产规模，推动适度规模化畜禽养殖，加大动物疫病区域化管理力度，推进"免疫无疫区"建设，提高粮油、畜禽产品深加工能力。在大中城市因地制宜发展日光温室大棚等设施蔬菜，提高冬春淡季蔬菜自给率。在大小兴安岭等地区，推行小麦油菜轮作，实现用地养地相结合，逐步建立合理的轮作体系，加大森林草原保护建设力度，发挥其生态安全屏障作用，保护和改善农田生态系统。

（二）黄淮海区

本区位于秦岭—淮河线以北、长城以南的广大区域，主要包括北京、天津、河北中南部、河南、山东、安徽、江苏北部。

1. 自然经济条件和农业生产概况

全区由西向东分三部分，北部和西部是丘陵、山地和盆地，广泛覆盖着黄土；中部是华北大平原，东部是山东丘陵地带。属温带大陆季风气候，农业生产条件较好，土地平整，光热资源丰富。年降水量500~800 mm，≥10℃积温4000℃~4500℃，无霜期175~220天，日照时数2200~2800小时，可以两年三熟到一年两熟，是我国冬小麦、玉米、花生和大豆的优势产区和传统棉区，是我国应季蔬菜和设施蔬菜的重要产区。

2. 发展方向

以治理地下水超采、控肥控药和废弃物资源化利用为方向，构建与资源环境承载力相适应、粮食和"菜篮子"产品稳定发展的现代农业生产体系。

3. 布局重点

在华北地下水严重超采区，因地制宜调整种植结构，适度调减地下水严重超采地区的小麦种植，改种耐旱耐盐碱的棉花和油葵等作物，扩种马铃薯、苜蓿等耐旱作物；大力发展水肥一体化等高效节水灌溉，实行灌溉定额制度，加强灌溉用水水质管理，推行农艺节水和深耕深松、保护性耕作，地下水超采问题得到有效缓解。在淮河流域等面源污染较重地区，大力推广配方施肥、绿色防控技术，推行秸秆肥料化、饲料化利用；调整优化畜禽养殖布局，稳定生猪、肉禽和蛋禽生产规模，加强畜禽粪污处理设施建设，提高循环利用水平。在沿黄滩区因地制宜发展水产健康养殖。全面加强区域高标准农田建设，改造中低产田和盐碱地，配套完善农田林网。稳定生猪、奶牛、肉牛肉羊养殖规模，发展净水渔业，推动京津冀现代农牧业协同发展。

（三）长江中下游地区

本区位于淮河、伏牛山以南，福州、英德、梧州一线以北，鄂西山地、雪峰山一线以东，主要包括江西、浙江、上海、江苏、安徽中南部、湖北、湖南大部。

1. 自然经济条件和农业生产特点

属我国温带与热带的过渡地带，植物种类南北兼有。属亚热带季风气候，水热资源丰富，河网密布，水系发达，是我国传统的"鱼米之乡"。年降水量800~1600 mm，无霜期210~300天，≥10℃积温4500℃~5600℃，日照时数2000~2300小时，耕作制度以一年两熟或三熟为主，大部分地区可以发展双季稻，实施一年三熟制。耕地以水田为主，占耕地总面积的60%左右。种植业以水稻、小麦、油菜、棉花等作物为主，是我国重要的粮、棉、油生产基地。

2. 发展方向

以治理农业面源污染和耕地重金属污染为方向，建立水稻、生猪、水产健康安全生产模式，确保农产品质量，巩固农产品主产区供给地位，改善农业农村环境。

3. 布局重点

稳步提升水稻综合生产能力，巩固长江流域"双低"（低芥酸、低硫甙）油菜生产，调减重金属污染区水稻种植面积，发展高效园艺产业；科学施用化肥农药，通过建设拦截坝、种植绿肥等措施，减少化肥、农药对农田和水域的污染。开发利用沿海沿江环湖盐碱滩涂资源种植棉花，开发冬闲田扩种黑麦草等饲草作物。推进畜禽养殖适度规模化，在人口密集区域适当减小生猪养殖规模，控制水网密集区生猪、奶牛养殖规模，适度开发草山草坡资源发展草食畜牧业，加快畜禽粪污资源化利用和无害化处理，推进农村垃圾和污水治理。加强渔业资源保护，大力发展滤食性、草食性净水鱼类和名优水产品生产，加大标准化池塘改造，推广水产健康养殖，积极开展增殖放流，发展稻田养鱼。严控工矿业污染排放，从源头上控制水体污染，确保农业用水水质。加强耕地重金属污染治理，增施有机肥，实施秸秆还田，施用钝化剂，建立缓冲带，优化种植结构，减轻重金属污染对农业生产的影响。

（四）华南区

本区位于福州、大埔、英德、百色、元江、盈江一线以南，南至南海诸岛，包括福建东南部、台湾、广东中部及南部、广西南部及云南南部。

1. 自然经济条件和农业生产特点

全区地处南亚热带及热带，是我国水热资源最丰富和唯一适宜发展热带作物的地区。属南亚热带湿润气候，年降水量1300～2000mm，无霜期235～340天，≥10℃积温6500℃～9300℃，日照时数1500～2600小时，终年无霜，可一年三熟，耕地以水田为主，地形复杂多样，河谷、平原、山间盆地、中低山交错分布，经济作物为花生、甘蔗及亚热带水果柑橘和热带水果香蕉、菠萝、龙眼和荔枝等，是全国最大的甘蔗生产基地；其中珠江三角洲是全国著名的商品粮、甘蔗、蚕丝和淡水鱼生产基地。农、林和水产业在全国均占有重要地位，是我国三大林区和四大海区之一。

2. 发展方向

以减量施肥用药、红壤改良、水土流失治理为方向，发展生态农业、特色农业和高效农业，构建优质安全的热带亚热带农产品生产体系。

3. 布局重点

稳定水稻面积、稳定糖料面积，利用冬季光温资源，开发冬闲田，扩大冬种马铃薯、玉米、蚕豌豆、绿肥和饲草作物等，加强南菜北运基地基础设施建设，实现错季上市、均衡供应。大力开展专业化统防统治和绿色防控，推进化肥农药减量施用，治理水土流失，加大红壤改良力度，建设生态绿色的热带水果、冬季瓜菜生产基地。恢复林草植被，发展水源涵养林、用材林和经济林，减少地表径流，防止土壤侵蚀；改良山地草场，加快发展地方特色畜禽养殖。发展现代水产养殖，加强天然渔业资源养护、水产原种保护和良种培育，扩大增殖放流规模，推广水产健康养殖。

（五）西北及长城沿线区

本区位于我国干旱、半干旱地带，主要包括新疆、宁夏、甘肃大部、山西、陕西中北部、内蒙古中西部、河北北部。

1. 自然经济条件和农业生产特点

属半湿润到半干旱或干旱气候，土地广袤，光热资源丰富，耕地充足，人口稀少，增产潜力较大。干旱少雨，水土流失和土壤沙化现象严重。年降水量小于400mm，无霜期100～250天，初霜日在10月底，≥10℃积温2000℃～4500℃，日照时数2600～3400小时。农业生产方式包括雨养农业、灌溉农业和绿洲农业，是我国传统的春小麦、马铃薯、杂粮、春油菜、甜菜、向日葵、温带水果产区，是重要的优质棉花产区。

2. 发展方向

以水资源高效利用、草畜平衡为方向，突出生态屏障、特色产区、稳农增收三大功能，大力发展旱作节水农业、草食畜牧业、循环农业和生态农业，加强中低产田改造和盐碱地治理，实现生产、生活、生态互利共赢。

3. 布局重点

利用西北地区光热资源优势，加强玉米、蔬菜、脱毒马铃薯、苜蓿等制种基地建设，满足生产用种需要；推进棉花规模化种植、标准化生产、机械化作业，提高生产水平和效率，发挥新疆光热和土地资源优势，推广膜下滴灌、水肥一体等节本增效技术，积极推进棉花机械采收，稳定棉花种植面积，保证国内用棉需要。在雨养农业区实施压夏扩秋，调减小麦种植面积，提高小麦单产，扩大玉米、马铃薯和牧草种植面积，推广地膜覆盖等旱作农业技术，建立农膜回收利用机制，逐步实现基本回收利用；修建防护林带，增强水源涵养功能。在绿洲农业区，发展高效节水灌溉，实施续建配套与节水改造，完善田间灌排渠系，增加节水灌溉面积，水灌溉全覆盖，并在严重缺水地区实行退地减水，严格控制地下水开采；在农牧交错区，推进农林复合、农牧结合、农牧业发展与生态环境深度融合。通过坡耕地退耕还草、粮草轮作、种植结构调整、已垦草原恢复等形式，挖掘饲草料生产潜力，发展粮草兼顾型农业和草食畜牧业。在草原牧区，继续实施退牧还草工程，保护天然草原，实行划区轮牧、禁牧、舍饲圈养，控制草原鼠虫害，恢复草原生态。

（六）西南区

本区位于秦岭以南，地处我国长江、珠江等大江大河的上游生态屏障地区，主要包括广西、贵州、重庆、陕西南部、四川东部、云南大部、湖北、湖南西部。

1. 自然经济条件和农业生产特点

地处亚热带，湿度大、日照少，山地、丘陵、盆地交错分布，垂直气候特征明显，生态类型多样，冬季温和，生长季长，雨热同季，适宜多种作物生长，有利于生态农业、立体农业的发展。年降水量 800～1600mm，无霜期 210～340 天，≥10℃积温 3500℃～6500℃，日照时数 1200～2600 小时，可实现稻麦两熟制，主要种植玉米、水稻、小麦、大豆、马铃薯、甘薯、油菜、甘蔗、烟叶、芝麻等作物，是我国重要的粮食、油料、甘蔗、烟叶、茶叶、柑橘、生猪和蚕丝产区，也是重要的用材林和经济林基地，油桐、乌桕、生漆和药材等在全国占有重要地位。地面水资源丰富，潜在的可开采能力占全国总量的 68% 左右，有大量的湖泊及水库等水利设施，国内水力发电工程多在西南地区。

2. 发展方向

突出小流域综合治理、草地资源开发利用和解决工程性缺水，在生态保护中发展特色农业，实现生态效益和经济效益相统一。

3. 布局重点

保护平坝水田，发挥光温资源丰富、生产类型多样、种植模式灵活的优势，因地制宜推广轻简栽培及小型机具，稳定水稻面积，推广玉米/大豆、玉米/马铃薯、玉米/红薯间套作等生态型复合种植，合理利用耕地资源，提高土地产出率；发展高山夏秋冷凉特色农作物生产，巩固云南天然橡胶和糖料蔗生产能力。稳定藏区青稞面积，扩种马铃薯和杂粮杂豆，推广油菜育苗移栽和机械直播等技术，扩大优质油菜生产。对坡度 25°以上的耕地实行退耕还林还草，鼓励人工种草，调减云贵高原非优势区玉米面积，改种优质饲草，发展生态草食畜牧业。加强林草植被的保护和建设，发展水土保持林、水源涵养林和经济林；通过修筑梯田、客土改良、建设集雨池，防止水土流失，推进石漠化综合治理。合理开发利用水产资源，发展特色渔业。

（七）青藏区

本区位于我国最大的高原——青藏高原地带，包括西藏，青海，甘肃的甘南自治州及天祝、肃南县，四川西部，云南西北部。

1. 自然经济条件和农业生产特点

高寒是青藏区的主要自然特点，既有海拔4000~6000m的高大山岭，海拔3000~5000m的台地、湖盆和谷地，又有海拔低于3000m的东部、南部河谷地区，但不到全区总面积的10%。由于地势高，大部分地区热量不足，东部和南部海拔4000m以下地区有效积温仅1000℃~2000℃，可种植耐寒喜凉作物。南部边缘河谷地区可种植玉米、水稻等喜温作物。光能资源丰富，是全国太阳辐射量最多的地区，日照时间长、气温日差大，作物光合作用强度大，易形成大穗、大粒和大块茎，有利于作物高产。区内天然草场面积广阔，约占全区土地总面积的60%，东南部和东部有广阔的天然森林，木材蓄积量占全国的23.3%，是我国主要的林牧区。西部南端、中南部和东北部是农牧交错区，适宜青稞、豌豆、小麦和油菜的生长，并以青稞为主，是高原家畜产品（耐寒的牦牛、藏绵羊和藏山羊）的主产区。东南部是以农业和林业为主的农牧交错区，是区内海拔最低、水热条件最好的地区，主要种植冬小麦、玉米，也有水稻生产。

2. 发展方向

突出三江源头自然保护区和三江并流区的生态保护，实现草原生态整体好转，构建稳固的国家生态安全屏障。

3. 布局重点

保护基本口粮田，稳定青稞等高原特色粮油作物种植面积，确保区域口粮安全，适度发展马铃薯、油菜、设施蔬菜等产品生产。严守生态保护红线，继续实施退牧还草工程和草原生态保护补助奖励机制，保护天然草场，推行舍饲半舍饲养殖，以草定畜，实现草畜平衡，有效治理鼠虫害、毒草，遏制草原退化趋势。适度发展牦牛、绒山羊、藏系绵羊为主的高原生态畜牧业，加强动物防疫体系建设，保护高原特有鱼类。

（八）海洋渔业区

本区主要包括濒临渤海、黄海、东海、南海及台湾以东的我国管辖海域。

1. 自然经济条件和农业生产特点

气候跨越温带、亚热带和热带，海岸类型多样，大于10km^{2}的海湾160多个，大中河

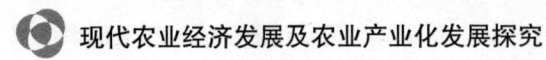

口10多个，自然深水岸线400多千米。按功能分区为农渔业区、港口航运区、工业与城镇用海区、矿产与能源区、旅游休闲娱乐区、海洋保护区、特殊利用区、保留区等。

2. 发展方向

严格控制海洋渔业捕捞强度，限制海洋捕捞机动渔船数量和功率，加强禁渔期监管。

3. 布局重点

稳定海水养殖面积，改善近海水域生态质量，控制近海养殖规模，拓展外海养殖空间。积极发展海洋牧场，扩大立体养殖、深水网箱养殖规模，建设海洋渔业优势产业带。大力开展水生生物资源增殖和环境修复，保护海洋渔业生态。

三、中国特色农产品区域布局

（一）特色粮油

我国特色粮油产品种类繁多，品质优良，市场需求增长空间大。特色粮油大部分属于抗旱作物，是我国半干旱地区的主要粮食作物，不但可以食用，而且可广泛应用于化工和医药等领域，具有很高的营养保健功能和综合利用价值，在国际市场上具有明显的品质优势与价格优势，是我国重要的出口农产品。但是，目前我国特色粮油产品生产存在种植粗放、品种混杂、退化严重、加工开发不足、出口市场秩序混乱等突出问题。

1. 区域布局

分区域重点发展19种特色粮油。

芸豆：河北、山西、内蒙古、吉林、黑龙江、山东、重庆、四川、贵州、云南、陕西、甘肃、新疆等地的部分县市。

绿豆：河北、山西、内蒙古、辽宁、吉林、黑龙江、江苏、安徽、山东、河南、湖北、广西、重庆、四川、贵州、陕西、新疆等地的部分县市。

红小豆：北京、天津、河北、山西、内蒙古、辽宁、吉林、黑龙江、江苏、山东、湖北、四川、贵州、云南、陕西、甘肃等地的部分县市。

蚕豆：河北、江苏、安徽、湖北、广西、重庆、四川、贵州、云南、陕西、甘肃、青海、宁夏等地的部分县市。

豌豆：河北、山西、江苏、山东、湖北、广东、重庆、四川、贵州、云南、甘肃、青海、宁夏等地的部分县市。

豇豆：大兴安岭南麓地区。

荞麦：河北、山西、内蒙古、安徽、广西、重庆、四川、贵州、云南、西藏、陕西、甘肃、宁夏等地的部分县市。

燕麦：河北、山西、内蒙古、吉林、四川、贵州、云南、甘肃、宁夏等地的部分县市。

青稞：四川、云南、西藏、甘肃、青海等地的部分县市。

谷子：河北、山西、内蒙古、东北三省、山东、河南、陕西、甘肃等地的部分县市。

糜子：河北、山西、内蒙古、东北三省、陕西、甘肃、宁夏等地的部分县市。

高粱：河北、山西、内蒙古、东北三省、山东、湖北、重庆、四川、贵州、陕西、甘肃、新疆等地的部分县市。

啤酒大麦：内蒙古、黑龙江、江苏、安徽、河南、云南、陕西、甘肃、新疆等地的部分县市。

啤酒花：甘肃、新疆等地的部分县市。

芝麻：吉林、江苏、安徽、福建、江西、河南、湖北、陕西、新疆等地部分县市。

胡麻：河北、山西、内蒙古、陕西、甘肃、宁夏、新疆等地的部分县市。

向日葵：山西、内蒙古、东北三省、新疆等地的部分县市，内蒙古巴彦淖尔市。

木本油料：浙江、武陵山区、云南大部。

2. 主攻方向

加强良种繁育与优良品种鉴选，加快优质专用品种推广应用步伐；加强出口基地、加工原料基地建设，推广保优节本高产栽培技术，推进生产技术与产品的标准化；积极扶持龙头企业，推进产业化经营，开发优质特色粮油系列产品，培育一批名牌产品；加强特色粮油产品质量安全管理，建立健全特色粮油相关的质量、技术和环境标准及全程质量安全控制体系。

（二）特色蔬菜

当前我国蔬菜生产整体上供大于求，存在结构性、季节性、地域性过剩现象，国内外市场竞争日趋激烈。然而，随着人们生活水平的提高和营养保健意识的增强，对蔬菜中的特色菜的需求逐步增加。特色蔬菜因其特有的品质、营养价值及功效，具有广阔的市场空间。

1. 区域布局

分区域重点发展 14 种特色蔬菜。

莲藕：江苏北部、浙江、山东微山、江汉平原、广西中部。

魔芋：秦巴武陵区、云贵川区。

莼菜：江苏太湖区、浙江杭州、湖北武陵山区、重庆石柱、四川雷波。

薤头：鄂湘赣区、云南。

芋头：浙闽区、山东、桂东北区、云南弥渡。

竹笋：东南区、湖北、西南区、陕南区。

黄花菜：湘黔区、甘陕区。

荸荠：浙江区、鄂中区、桂东北区、滇西区。

山药：黄淮海区、云贵区。

黑木耳：东北区、浙闽区、秦巴伏牛山区、长江中上游地区、广西。

银耳：福建、秦巴山区、黔西北区。

辣椒：东北区、黄淮海区、西南区、湖南、西北区、海南。

花椒：西南区、藏东南、陕甘青区。

大料：桂西南区、桂东南区、滇东南区。

2. 主攻方向

加强特色蔬菜良种繁育和推广，发展优质特色蔬菜；强化特色蔬菜产后处理，积极发展深加工，突出特色蔬菜的功能性开发，延长产业链，提高附加值；加快特色蔬菜质量标准体系建设，规范行业标准，提升产品市场竞争力，培育名牌产品。

（三）特色草食畜

1. 区域布局

分区域重点发展22种特色草食畜。

牦牛：青藏高原、南疆地区。

延边牛：东北三省东部。

渤海黑牛：山东北部。

郑县红牛：河南中西部。

复州牛：辽宁南部。

湘西黄牛：湖南湘西北地区。

奶水牛：广西、云南。

德州驴：鲁北平原。

关中驴：陕西关中平原。

晋南驴：山西南部。

广灵驴：山西东北部。

泌阳驴：河南南部。

福建黄兔：福建西北部。

闽西南黑兔：福建西南部。

九嶷山兔：湖南西南部。

吉林梅花鹿：东北三省。

东北马鹿：东北三省、内蒙古赤峰。

细毛羊：新疆天山北坡及南坡地带、内蒙古中东部、甘肃祁连山区、青海中部。

绒山羊：西藏西部、内蒙古中西部、陕北、辽东半岛、新疆准噶尔盆地和塔里木盆地周边、青海柴达木。

藏系绵羊：西藏大部、青海、甘肃甘南、四川西部及云南西北部。

滩羊：宁夏中部、甘肃中部。

奶山羊：陕西、山东、四川。

2. 主攻方向

特色牛方面，加强优良地方牛品种原产地保种场、保护区建设，保护与开发相结合，遏制能繁母牛养殖数量下降趋势；开发地方牛品种高档牛肉和牛肉制品，促进特色产品精深加工发展；推广专业化育肥新技术，提高饲草料资源利用率；因地制宜开展人工种草，建设饲草料储备和防灾减灾设施，稳定生产能力；规范饲养技术，严格投入品和屠宰加工监管，确保牛肉和牛肉制品产品质量安全。特色羊方面，建设原种场，扩大种羊规模，提高个体繁殖性能和产肉、产毛（绒）和羊毛（绒）品质；推广"牧＋舍"饲养殖技术，控制存栏、提高母畜、加快周转、增快出栏，保护草地，缓解草畜矛盾；加快建设机械化剪毛和毛、绒分级等基础设施；建立滩羊保护区。特色驴方面，加强优良地方驴品种原产地保种场、保护区建设，进行本品种选育、品系繁育，保护与开发相结合；培育壮大一批带动能力强的养殖、屠宰加工龙头企业，提升标准化、规模化、产业化发展水平；开发高档驴肉产品、阿胶产品等，促进特色产品精深加工发展，完善产业链条，强化品牌创建。

第八章 农业企业融资与农业经济发展

第一节 农业企业融资环境与渠道

任何事物总是与一定的环境相联系和发展的，融资决策也不例外。不同时期、不同国家、不同领域的融资决策有着不同的特征，最终都是因为影响融资决策的环境因素不尽相同而形成的。企业如果不能适应周围的环境，也就不能生存。

一、一般企业的融资环境

（一）重新认识经济发展的周期性波动

一般而言，在萧条阶段，由于整个宏观经济环境的不景气，企业很可能处于紧缩状态之中，产量和销售量下降，投资锐减，有时资金紧张，有时又出现资金闲置。在繁荣阶段，一般来说，市场需求旺盛，销售大幅度上升，企业为了扩大生产，就要扩大投资，以增添机器设备、存货和劳动力，这就要求决策人员迅速地筹集所需资金。因此，面对周期性波动，决策人员必须预测经济变化情况，适当调整融资战略。目前，世界经济正处于萧条时期，重新认识经济周期性波动，对于我们正确制定企业的融资战略具有重要意义。

（二）重新认识企业面临的法律环境

企业融资是在特定的法律约束下进行的。公司法、证券法、金融法、证券交易法、经济合同法、企业财务通则和企业财务制度等都从不同方面规范或制约企业的融资活动。中国加入世界贸易组织之后，为了与国际惯例接轨，尽快融入世界经济大潮，新的相关法律会相继出台。作为企业的决策人员，应该熟练掌握相关的法律知识，随时了解其变化，为制定企业的融资战略服务。

（三）高度重视市场环境的变化

在市场经济条件下，每个企业都面临着不同的市场环境，这都会影响和制约企业的融资行为。处于完全垄断市场上的企业销售一般都不成问题,价格波动也不会很大,企业的利润稳中有升,不会产生太大的波动,因而风险较小,可利用较多的债务来筹集资金;而处于完全竞争市场的企业,销售价格完全由市场来决定,价格容易出现上下波动,企业利润也会出现上下波动,因而不宜过多地采用负债方式去筹集资金;处于不完全竞争市场和寡头垄断市场的企业,关键是要使自己的产品超越其他企业,创出特色、创出名牌,这就需要在研究与开发上投入大量资金,研制出新的优质产品。为此,这就要求企业筹集足够的资金以满足需要。

(四)充分利用金融市场,以保证企业融资战略的实施

在经济活动中,金融市场的存在有着举足轻重的作用,金融市场存在的目标就是将储蓄有效率地配置给最终的使用者。如果有储蓄的经济单位恰好是寻求资金的经济单位,那么即使没有金融市场,经济发展也无关紧要。但是在现代经济中,大多数缺乏资金的公司投资于实物资产的资金均超过了自己的储蓄,对大多数个人来说,却是总储蓄超过了总投资,效率要求以最低的成本、最简便的方式把实物资产的最终投资者和最终的储蓄者撮合起来。因此,企业在制定融资战略时,应充分利用金融市场的优势,随时了解市场信息,保证企业的融资战略能够很好地得到贯彻实施。

(五)认真分析采购和生产环境,以进行科学投资决策

企业的采购环境有稳定和波动、价格涨跌之分,企业如果处于稳定的采购环境中,可少储存存货,减少存货占用的资金;反之,则必须增加存货的保险储备,以防存货不足影响生产,这就要求决策人员把较多的资金投资于存货的保险储备。在物价上涨的情况下,企业应尽量提前进货,以防物价进一步上涨而遭受损失,这就要求为存货储备较多的资金;反之,在物价下降的环境里,应尽量随使用随采购,以便从价格下降中得到好处,可以在存货上尽量减少资金的储备。不同的生产企业和服务企业具有不同的生产环境,这些生产环境对企业融资战略具有重要影响。比如,企业的生产如果是高技术型的,那就有比较多的固定资产而只有少数的生产工人,这类企业在固定资产上占用的资金比较多,而工薪费用较少,这就要求企业理财人员必须筹集到足够的长期资金来满足固定资产投资;反之,如果企业生产是劳动密集型的,则可较多地利用短期资金来满足企业的固定资产投资。

二、农业企业融资环境优化策略

（一）优化农业企业融资的宏观经济环境

国家实行的财政政策和货币政策是宏观经济环境的重要内容。从农业产业结构调整和市场竞争力提升方面分析，国家宏观经济环境优化有助于促进我国农业产业结构调整和市场竞争力提升，有助于提高农业企业的市场认知能力、产品研发能力、技术创新能力，有助于推动农业经济的规模化、市场化、现代化和集约化发展。国家宏观经济政策的变迁可能会对部分农业企业的融资方式、产业结构、发展战略、生产工艺和技术水平等产生直接或间接、显性或隐性的影响，可能会限制部分农业企业的惯性发展，也可能会推动部分农业企业的快速稳固发展。宏观经济环境具有战略性、动态性和调控性，以规范和完善社会主义市场经济体系、明确社会经济发展方向等为主要目的，因此会对某些粗放型农业企业的存续发展产生消极影响；但宏观经济环境的优化需要加大农业产业市场的监督管理力度，建立农业产业市场的公平、公正、有序的竞争秩序，规范不同所有制结构、不同资本结构、不同发展规模的农业企业的竞争行为和融资行为等。

（二）优化农业企业融资的政府扶持环境

市场经济是由政府"看得见的手"和市场"看不见的手"共同作用的，农业企业的健康有序发展离不开政府的宏观指导、政策支持、税收优惠、监督管理等。为了促进农业企业融资行为运行和农业企业存续发展，中央政府和地方政府要加大对具有较高特殊性的农业企业的扶持力度，完善农业企业健康有序发展的扶持政策和优惠补贴建议，建立合理系统的农业企业融资的政府扶持环境。政府可以通过财政补贴、政府扶持专项基金、投资基金、直接贷款或信用担保贷款等方式，拓展农业企业的融资渠道，营造公平有序、诚信和谐的融资环境，满足农业企业的资金需求。

（三）优化农业企业融资的法律法规环境

完善的法律法规环境是农业企业融资行为的立法基础，是农业企业健康发展的必要保障，是建立良好金融服务秩序和企业竞争秩序的重要前提。因此，政府要不断完善中小企业或农业企业的经营管理、财务管理法律法规建设，不断规范农业企业的融资行为和融资过程，不断改善农业企业规模化和市场化发展的法律法规环境。政府有关部门和金融监督管理机构要颁布明确的企业运营法律法规和政策建议等，出台相应的配套规章制度，从法律层面上规范和约束农业企业的生产、经营、管理、营销、财务行为，切实解决农业企业个体脆弱性和整体重要性的矛盾；要完善相关法律，修改或剔除有悖于市场经济运行规律和农业企业发展特点的法律法规，不断建立适宜的、完善的农业企业法律法规，不断提高法律法规的执法效率，不断规范企业相关法律法规的执行公平性，以规范农业企业的生产经营行为，不断提高农业企业的整体素质，不断优化农业企业的资本结构、组织结构和管理体制；要不断提升农业企业经营管理者的信用意识，降低农业企业与银行等正规金融机构的信息不对称等，保障投资者与债权者的切身利益，建立良好的农业企业融资环境。

（四）优化农业企业融资的社会服务环境

地方政府要指导建立成立专业的企业服务中介组织，不断完善非营利性中介服务组织的结构设置、职能定位、管理体制、人员组成和服务水平等，以强化中介服务组织在信息共享、管理咨询、投资参考、融资决策、企业管理、技术革新、市场营销等方面的支持和辅导功能，以引导和规范农业企业的经营管理战略、融资决策和技术创新方向等，切实提高农业企业的核心竞争优势，实现农业企业的可持续发展。

政府要积极发展中小农业企业的融资担保机构，通过政府为主、多元筹措方式建立农业企业融资担保基金，以高担保效率、低担保费用、多元抵押担保形式等为农业企业提供良好的金融产品或服务，切实提高农业企业的融资效率和效果。同时，政府要建立综合性服务机构以协调和指导农业企业的融资问题、担保问题、技术创新问题、生产运营问题、员工培训问题、信息共享问题等，切实提高区域、省域的农业企业金融服务工作。

信用担保融资是农业企业多元融资服务体系的重要内容，是建立多层次资本支持体系的重要途径。信用担保制度的建立和完善降低了银企间的信息不对称，降低了银行等正规金融机构的资金发放风险和信贷成本，有利于银行等正规金融机构加大对农业企业的资金投入力度，使农业企业获取更多的发展资金支持。信用担保机构的生成和发展是多层次、多途径的，可以建立以政府为主体的信用担保机构，通过公开透明的运作方式为农业企业等提供资金支持或担保服务，降低农业企业的融资风险和融资成本；可以成立具有独立法人资格的小额信用担保公司，按市场经济原则、以商业担保的形式向企业提供融资担保业务；可以建立中小型农业企业的互助型担保共同体，以共同信用标准和信用等级、风险共担形式等申请融资担保贷款，切实解决部分农业企业个体担保贷款困难、抵押担保物缺失或总量不足引发的融资难题。

三、企业盈余融资

（一）留存盈余

留存盈余是企业缴纳所得税后形成的，其所有权属于股东。留存盈余融资是企业内部融资的重要方式。中小企业的收益分配包括向投资者发放股利和企业保留部分盈余两方面，企业利用留存盈余融资，对税后利润进行分配，确定企业留用的金额，为投资者的长远增值目标服务。

企业利用盈余资金进行投资需要平衡股东的权益分配与企业持续发展之间的关系。企业发展的最根本目的是为股东创造最大的价值，股东和管理层需要在利润如何进行留存收益在投资和股利派发之间达成一致意见，从而实现股东价值的不断增值又能促进企业的长远发展。为了进一步理解留存盈余融资，我们首先要明确企业股利分配政策以及类型。企业股利分配政策一般包括以下三方面内容：

1. 利润分配政策

（1）利润分配项目

①盈余公积金。从净利润中提取形成，用于弥补公司亏损、扩大公司生产经营或者转为增加公司资本。盈余公积金包括法定盈余公积金和任意盈余公积金。公司分配当年税后利润应当按照10%的比例提取法定盈余公积金，当盈余公积金累计额达到公司注册资本50%时，可不再提取。任意盈余公积金的提取由股东会根据需要决定。②公益金。公益金也是从净利润中提取形成的，专门用于职工集体福利设施建设。公益金按照税后利润的5%～10%提取形成。③股利。向投资者分配的利润。

（2）利润分配顺序

①计算可供分配的利润。将本年利润（亏损）与年初未分配利润（或未弥补亏损）合并，计算出可供分配利润。如果可供分配利润为正数，则进行后续分配。②计提法定盈余公积金。按抵减年初累计亏损后的本年净利润计提法定盈余公积金。③计提任意盈余公积金。④计提公益金。⑤向股东支付股利。

公司股东会或董事会违反上述利润分配顺序，在抵补亏损和提取法定盈余公积金、公益金之前向股东分配利润的，必须将违反规定发放的利润退还公司。

2. 股利政策的类型

股利政策实施的终极目标是使股东财富最大化。因此企业在确定股利政策之前应权衡各种因素的利弊得失，结合自身实际制定出较为理想的股利政策。

（1）剩余股利政策

公司有收益较高（至少高于投资者的必要报酬率）的投资机会时可采用此政策。该政策是指税后利润在满足所有可行的投资项目需要后，如有剩余则派发股利，反之则不发股利。具体运用方式为：①确定最佳投资项目；②确定最优资本结构，以综合资本成本率最低为标准，最大限度地利用留存收益来满足所需增加的股东权益数额；③当企业税后净利超出所需增加的股东权益数额时，可发放股利。

（2）固定股利率政策

这一政策也叫变动股利政策。它是指每年股利支付率保持不变。股票投资者获得的股利从公司税后净利中支付（通常在30%～70%之间），并且随税后净利的增减而变动。这就保证了公司的股利支付与公司的赢利状况之间保持稳定关系。

（3）同等股利加额外股利政策

企业一般每年按一固定数额向股东支付正常股利，然后在一段时间内，无论财务状况如何都派发的股利额均不变。

（4）低现金股利加送配方案的股利政策

这一政策是一项包括现金股利和股票股利并同时包括认股权发行的综合政策。这也是目前我国大部分上市公司所采用的股利政策。送股是公司将利润转为股本，按增加的股票数比例送给股东。配股是指公司在增发股票时以一定比例按优惠价格配售给股东股票。一般净资产收益率大于10%者可采用送股加配股政策。这项政策可便于公司保留现金、扩大股本、稀释流通在外的股票价格。

3. 影响股利政策的因素

（1）法律因素

①契约约束

当企业举债经营时，债权人为防止公司以发放股利为名私自减少股东资本的数额，增大债权人的风险，通常在债务契约中含有约束公司派息的条款。如规定每股股利的最高限额；规定只有当公司的某些重要财务比率超过最低的安全标准时，才能发放股利；派发的股息仅可从签约后所产生的盈利中支付，签约前的盈利不可再做股息之用；也有的直接规定只有当企业的偿债基金完全支付后才能发放股利等规定。

②法律法规约束

各国的法律如公司法及其他有关法规对企业的股利分配给予了一定的限制。如资本保全约束、资本积累约束、利润约束、偿债能力约束，等等。这些约束对于企业制定合理的股利政策均有一定限制。因此在下列情况下企业不能分配股利：当企业的流动资产不足以抵偿到期应付债务时；未扣除各项应交税金时；未弥补亏损时；未提取法定盈余公积金时；当期无盈利时；经董事会决定可以按照不超过股票面值6%的比例用盈余公积金分配股利，但分配后盈余公积金不能低于注册资本的25%等。

（2）资金需求因素

从企业的生命周期来看，处于上升期的企业总有较多的投资机会，资金需求量大且来源紧张，因而其股利分配额通常较低；处于成熟期或衰退期的企业，投资机会减少，资金需求相对减少，但资金来源和资金储蓄相对比较丰富，因而其股利分配额较高，由此可见，大量分派现金股利对股东来说未必是件好事。

（3）财务信息的影响因素

广大投资者将现金股利发放的变化往往看作是有关公司赢利能力和经营状况的重要信息来源。公司增加股利发放表明公司董事会和公司管理人员对公司的前途看好，公司未来盈利将有所增加，反之就会减少。因此股份公司一般不敢轻易改变股利政策，以免产生种种不必要的猜测。

（4）股东投资目的因素

股利政策最终要由董事会决定并经股东大会审议通过，所以股东投资目的，如为保证控制权而限制股利支付；为避税目的而限制股利支付；为稳定收益和避免风险而要求多支付股利等，这些足以影响政策的最终制定。

（二）盈余融资的优势

盈余融资，是以当期可供分配利润中保留一部分不进入利润分配环节，用于满足企业未来发展的一种内部融资活动，其性质相当于股权融资。这种融资方式的优势主要表现在以下几方面。

1. 盈余融资方式是一种财务负担最小、融资成本最低的融资方式

盈余属于企业内部资金运用的一种策略选择，并不发生企业资金规模外延的增大，也不发生与企业外部的实质性财务关系。所以，其融资成本接近于零，既无显见的筹资成本，也不发生用资成本，是最为经济的一种融资方式。

2. 盈余融资方式下用资风险的保障程度较高

由于盈余融资的资金是企业经营所得，是企业经营者辛辛苦苦赚下的钱，与企业经营者具有一种难以割舍的"亲和力"，这种"亲和力"在用资过程中起到一种内在的约束作用，企业经营者就像用自己的钱一样，故其用资风险的保障程度较高。

3. 盈余融资方式可提高公司权益性资金的比重

盈余融资方式可提高公司权益性资金的比重，降低公司的财务风险，稳定公司的资本结构。盈余是企业利润分配决策的关键，从所有者角度来说，当企业预计投资收益率大于盈余资金的机会成本时，所有者愿意接受企业采取盈余融资方式；当企业预计投资收益率小于盈余资金的机会成本时，所有者将难以接受这种融资方式，对企业融资决策形成一定的制约力。同时，盈余融资方式会改变企业的资本结构，直接增加企业所有者权益，从而使企业利益格局向有利于所有者的方向调整，这是促使所有者接受这种融资方式的内在动力。

盈余，使企业盈余保持相对的稳定性，公司易于较好地控制公司的经营运作，如不必发行新股以防止稀释公司的控制权，这是股东们所愿意接受的。避免发放较多的股利，使高股利收入的股东合法避税，也是有益于股东的；同时，这种低股利政策还可以减少因盈余下降而造成的股利无法支付、股份急剧下降的风险，将更多的盈余再投资，以提高公司权益资本比重，降低公司的财务风险，稳定公司的资本结构，无疑对公司是十分有利的。可见，企业采取盈余进行融资，有利于企业市场价值的提升，对外传递着一种利好的信息，提升了企业的信誉度，提高了企业举债融资能力，对于企业的现状和未来发展起到良好的造势和推动作用。

四、村镇银行融资

所谓村镇银行就是指为当地农户或企业提供服务的银行机构。区别于银行的分支机构，村镇银行属一级法人机构。目前农村只有两种金融主体，一是信用社，二是只存不贷的邮政储蓄。农村的金融市场还处于垄断状态，没有竞争，服务水平就无法提高，农民的贷款需求也无法得到满足。改革的出路，就是引进新的金融机构。

（一）村镇银行的含义

村镇银行是指经国家金融监督管理总局依据有关法律、法规批准，由境内外金融机构、境内非金融机构企业法人、境内自然人出资，在农村地区设立的主要为当地农民、农业和农村经济发展提供金融服务的银行业金融机构。

村镇银行可经营吸收公众存款，发放短期、中期和长期贷款，办理国内结算，办理票据承兑与贴现，从事同业拆借，从事银行卡业务，代理发行、代理兑付、承销政府债券，代理收付款项及代理保险业务以及经银行业监督管理机构批准的其他业务。

按照国家有关规定，村镇银行还可代理政策性银行、商业银行和保险公司、证券公司等金融机构的业务。

村镇银行作为新型银行业金融机构的主要试点机构,拥有机制灵活、依托现有银行金融机构等优势。但同时村镇银行本身也有诸如成本高、成立时间短等弱点,而且面临着来自其他金融机构的竞争,其发展前景不一定十分乐观,依然还有很长的路要走。

(二)村镇银行设立的背景和目的

21世纪初,国家金融监督管理总局(原中国银行业监督管理委员会)公布的《关于调整放宽农村地区银行业金融机构准入政策更好支持社会主义新农村建设的若干意见》中在准入资本范围、注册资本限额、投资人资格、业务准入、高级管理人员准入资格、行政审批、公司治理等方面均有所突破。其中,最重要的突破在于两项放开:一是对所有社会资本放开。境内外银行资本、产业资本、民间资本都可以到农村地区投资、收购、新设银行业金融机构。二是对所有金融机构放开。调低注册资本,取消营运资金限制。在县(市)设立的村镇银行,其注册资本不得低于人民币300万元;在乡(镇)设立的村镇银行,其注册资本不得低于人民币100万元。在乡(镇)新设立的信用合作组织,其注册资本不得低于人民币30万元;在行政村新设立的信用合作组织,其注册资本不得低于人民币10万元。放开准入资本范围,积极支持和引导境内外银行资本、产业资本和民间资本到农村地区投资、收购、新设各类银行业金融机构。新设银行业法人机构总部原则上设在农村地区,也可以设在大中城市,但其具备贷款服务功能的营业网点只能设在县(市)或县(市)以下的乡(镇)和行政村。农村地区各类银行业金融机构,尤其是新设立的机构,其金融服务必须能够覆盖机构所在地辖内的乡(镇)或行政村。

建立村镇银行是解决我国现有农村地区银行业金融机构覆盖率低、金融供给不足、竞争不充分、金融服务缺位等"金融抑制"问题的创新之举,对于促进农村地区投资多元、种类多样、覆盖全面、治理灵活、服务高效的新型农村金融体系的形成,进而更好地改进和加强农村金融服务,支持社会主义新农村建设,促进农村经济社会和谐发展和进步,具有十分重要的意义。但作为新生事物,村镇银行在建立及发展中还存在一些新的问题,需要得到有关部门的关注和解决,以促进其健康发展,进而发挥应有的功能。

五、农村资金互助合作社融资

农村金融改革的最大难题是农村金融发展不能惠及广大农户。虽然农信社、农业银行等正规金融机构正在积极推进小额信贷业务,但截至目前,全国仅有1/3的农户获得了贷款,只占到符合条件且有贷款需求农户的六成。贷款供需不平衡的主要原因是借贷双方信息不对称，放贷者无法了解借款者的风险偏好和还款意愿，也无从监督贷款的使用情况，因此，让正规金融机构来监督和实施分散在整个农村的数以千万计的小额信贷合同是不可能的。

（一）资金互助合作社具有信用与经济功能双重属性

这种属性决定了资金互助合作社与其他银行业机构的直接区别。其他银行业一般在政策上不支持具有实业性的经济功能，而是作为纯粹的社会信用工具虚拟经济存在，是为实体性经济服务的。资金互助合作社之所以天然地要具有信用与经济功能而存在，是因为它要发挥联结作用，发挥农村经济组织对内联结农户和对外联结市场的作用，是要发挥对内信用组织和对外经济组织的作用，如果它不能发挥这种双重功能的属性作用，与其他银行机构就没有根本的区别了。这种双重属性和功能作用，起到了农村资金蓄水池的作用，发挥了农村金融免疫细胞组织之功效。有了它，农村金融才不会出现败血症，因此资金互助合作社具有农村金融体系基础地位作用，是其他任何组织不可替代的。

（二）资金互助合作社具有货币政策传导功能

引导农户发展资金互助合作社决不仅是发挥"蓄水池"进行余缺调剂的作用，还有一个非常重要的功能，就是发挥货币政策传导工具作用，建立起国家引导农村经济、扶持农业产业和帮助农民的作用。商业银行不愿意或不能够服务农户，那么就要建立农户自我服务的金融制度，而仅仅依靠农户自我服务能力是不够的，为此必须建立起国家帮助机制，通过国家财政或政策银行（央行支农再贷款）支持，增强农户自我服务能力和扩大服务领域，不断产生对农村商业银行的竞争压力，促进商业银行转变机制、改进服务效率，才能产生竞争性农村金融市场。

（三）资金互助合作社具有推动购销合作、生产合作和消费合作功能

发展资金互助合作社一方面要满足农户家庭经营的生产和生活资金需求，促进经济和福利的增长，但这样一家一户的生产关系，是难以容纳更高生产力发展要求的。生产力不发展农户就难以增收，社会问题就难以解决，因此发展资金互助合作社另一方面的作用，是依靠组织资金把农户的劳动力、土地和市场组织起来，形成共同销售、购买和消费，联合组织生产，把先进科学技术应用到农业产业中去，不断通过合作的生产关系促进农村生产力的发展和结构调整与升级。通过发展资金互助合作社促进农业生产组织和土地制度变迁，发展新型农产品加工业，通过资金互助合作社开展买方信贷，培育农民自己产业的发展。

第二节 农业企业风险管理与控制

融资风险属于风险在企业融资活动中的具体表现。随着融资问题在企业生产经营活动中变得日益重要，融资以后的风险问题日益突出，成为一个亟待研究和解决的重要问题。

一、农业企业融资风险分析

（一）农业企业融资风险

1. 传统负债融资风险

负债融资相对其他资金来源来说，成本较小。但是一旦企业决策失误或经营项目失败，就会面对无法偿还本金和利息的风险。实务中，大多数农业企业仍主要依靠银行贷款获取外部资金支持。一些个体和私营农业企业由于其资产质量不高，"抵押无物，担保无人"，很难通过资产抵押获取贷款，于是求助于民间的个人借贷活动。据调查，近年来在私营企业的融资结构中，有约占融资总额10%的资金是通过非正规渠道融进的，这种借款来源分散、成本高，缺乏法律保障，因而极易造成资金不能按时到位的风险，使企业陷入经营困境。

2. 传统权益融资风险

权益融资的成本相对较高，股票发行的数量、价格、时机的决策，以及股利分配政策等，都可能给企业带来潜在的风险，能够通过上市融资的农业企业寥若晨星。由于我国证券市场的不完善、监督机制的不健全，上市的农业企业为了吸引更多的投资，可能会非法操纵利润，以致影响企业声誉，打击投资者信心，而绝大多数农业企业规模较小、资产质量参差不齐，要通过证券市场进行融资，短期内是不太现实的。除此之外，农业企业在上市额度成为稀有资源的当今资本市场争得一杯羹，也不符合财务管理的成本效益原则。

3. 其他风险

（1）融资租赁风险

融资租赁是解决农业企业长期资金不足的有效手段，但它会给企业带来如下风险：①内部决策风险，即对设备、租赁公司的选择引起的风险，以及无法及时支付租金的财务风险；②外部连带风险，即不能按期获得租赁资产，致使企业停工停产的风险；③市场风险，即租期内由于资产的无形损耗，企业产品不能及时更新换代，造成滞销的风险；还包括市场利率频繁波动带来的利率风险等。

（2）法律风险

农业企业在融资过程中，由于利益的驱动，或缺少法律意识，极有可能违反法律从而招致法律风险。农业企业在缺乏充分公正性的融资环境下要更加注意对法律风险的防范。

（3）兼并收购风险

农业企业为谋求协同效应，实现战略重组，经常采取并购的方式进行融资，以迅速提高竞争力。但这一过程也充满了风险，主要是：①信息风险。有些农业企业家忽视信息的重要性，在并购中没有认真地调查分析，凭感觉贸然行动，结果频频翻船。②并购中的操作风险。企业并购要合理选择融资方式，准确把握并购时机，综合考虑资本成本，并购过程中还可能遭遇反收购风险。③并购后的整合风险。多数农业企业的并购由于缺乏专业分析，仅凭业主"拍脑袋"决定，并购后的新企业常常因为规模过于庞大，缺乏统一的企业文化而出现规模不经济，无法实现营运整合。

（二）农业企业融资风险的成因分析

1. 宏观原因

（1）国家对企业的政策法规限制

目前我国的政策法规还不完善、不健全，与民营经济的发展不相匹配。直到 21 世纪初，有关部门才决定对个人独资企业和合伙企业停征企业所得税，只对其投资者的经营所得征收个人所得税，而在此之前，个体企业一直面临双重征税的问题。另外，国家对农业企业的开放管理尚不尽如人意，其税收负担相当沉重，民企遭受严重的非国民待遇，经营环境的有利程度甚至不如外资企业。

（2）银行等金融机构的限制

一方面，农业企业融资的主要来源仍然是银行等金融机构的贷款。对银行而言，农业企业贷款规模小、期限短，其利率水平相对较低，因此银行获得的收益也比较少；少数农业企业缺乏专门的财务管理人才和机构，存在严重的逃废债现象，使银行常常无法按期收回贷款，银行出于对自身风险的规避，也不得不对农业企业低看一眼。银行与企业之间极度的信息不对称，还会产生逆向选择和道德风险，因此银行在向农业企业发放贷款时不得不设置额外的屏障。另一方面，我国银行业已经将贷款权限上收，这一举措大大减少了与农业企业联系最密切的县级支行，其信贷审批权限也层层缩小，很多资信状况良好的农业企业也因为成本或缺乏信用观念，甚至不愿意参加信用评级活动。

（3）资金市场准入制度的限制

在金融领域中，国有商业银行长期处于垄断地位，民营金融机构的发展受到严格的限制，其业务范围小、业务能力差，不能为民营企业提供更好的服务，然而，正如经济学家们所指出的，"如果没有金融业的民营业，那么民营经济的发展就是跛脚的"。

股票市场的建立是以支持国企改革为宗旨的。农业企业即使采用了诸如"借壳"等方式上市，也因为企业整合过程中不同的文化背景及其他因素的影响而达不到上市目的。

（4）全国范围内的信用担保体系尚不健全

缺乏担保是造成农业企业直接融资难的关键因素。目前我国政府正在尝试建立中小企业信用担保体系，政府组建担保机构，造成新的行政干预，农业企业受到歧视；农业企业信誉状况参差不齐，如何评定信用等级、营造守信的市场环境等问题亟待解决。

2. 微观原因

（1）农业企业自身的内部组织形式、管理模式和产权结构的限制

我国农业企业大多起源于业主个人或合伙投资设立的企业，普遍采用家族式管理模式。据资料显示，某地区50家农业企业，主要管理人员存在亲情关系的企业占62%。企业内部组织结构简单，各层次管理人员的权责不够明确。出于人情关系，管理人员不能从企业的利益出发进行计划和决策，限制了企业的发展。

除此之外，绝大多数的农业企业产权结构比较单一，家族式管理模式使其在外部排斥外来资本的进入，在内部劳资关系紧张，无法推行职工持股。

（2）农业企业缺乏有效的融资机制，融资结构不合理，不能有效发挥财务杠杆的作用。由于我国的农业企业遭受非国民待遇，缺乏有效的社会保障制度，企业税赋沉重，直接融资困难，大量资金都用于内部积累以扩大再生产，没有多余的资金来吸引人才，导致企业无法建立合理的用人机制。专业管理人才的缺乏，使农业企业在融资过程中没有切合实际的财务规划，导致融资决策体系失灵。而由于农业企业融资困难，一旦发现融资机会，管理当局不论是否有融资需求，就盲目融资，要么造成资本闲置，要么使资本投向缺乏战略性，不能达到预期的投资回报，从而进入恶性循环。

（3）经营管理和投资理财能力的限制

农业企业仍主要集中于劳动密集型产业，既缺乏管理人才，又缺乏技术人员，其产品的技术含量低、质量差、竞争力不强，企业的经济管理效率低下，缺乏决策管理信息系统，限制了企业的融资能力，这是企业融资过程中最大的潜在风险。农业企业大多规模较小，缺乏专门的财务机构，财务人员素质低下，投资理财的能力较差，很少编制现金预算，财务预警系统更无从谈起，加大了农业企业的融资风险。

农业企业必须建立起一套完整的融资风险预警系统，以利于企业防范、化解其融资风险，从而为缓解农业企业的融资压力提供技术方法上的支持。

二、农业企业融资风险控制

融资风险是企业面临的主要风险之一，企业要加强风险防范意识，采取一系列风险防范措施是完全可以控制或降低风险程度的。

（一）资本结构与规避融资风险

高度重视融资风险的控制，尽可能选择风险较小的融资方式，企业高额负债，必然要承受偿还的高风险。在企业融资过程中，选择不同的融资方式和融资条件，企业所承受的风险大不一样，对各种不同的融资方式，企业承担的还本付息风险从小到大的顺序一般为股票融资、财政融资、商业融资、债券融资、银行融资。企业为了减少融资风险，通常可以采取各种融资方式的合理组合，即制定一个相对更能规避风险的融资组合策略，同时还要注意不同融资方式之间的转换能力。比如对短期融资来说其期限短、风险大，但其转换能力强；而对长期融资来说，其风险较小，但与其他融资方式间的转换能力较弱。

企业在筹措资金时，常常会面临财务上的提高收益与降低风险之间的两难选择。那么，通常该如何进行选择呢？财务杠杆和财务风险是企业在筹措资金时通常要考虑的两个重要问题，而且企业常常会在利用财务杠杆作用与避免财务风险之间处于一种两难处境；企业既要尽力加大债务资本在企业资本总额中的比重，以充分享受财务杠杆利益，又要避免由于债务资本在企业资本总额中所占比重过大而给企业带来相应的财务风险。在进行融资决策与资本结构决策时，一般要遵循的原则是：只有当预期普通股利润增加的幅度将超过财务风险增加的幅度时，借债才是有利的。财务风险不仅会影响普通股的利润，还会影响到普通股的价格，一般来说，股票的财务风险越大，它在公开市场上的吸引力就越小，其市场价格就越低。

企业融资应当在控制融资风险与谋求最大收益之间寻求一种均衡，即寻求企业的最佳资本结构。寻求最佳资本结构的具体决策程序是：首先，当一家企业面临几种融资方案时，企业可以分别计算出各个融资方案的加权平均资本成本率，然后选择其中加权平均资本成本率最低的一种。其次，被选中的加权平均资本成本率最低的那种融资方案只是诸种方案中最佳的，并不意味着它已经形成了最佳资本结构。这时，企业要观察投资者对贷出款项的要求、股票市场的价格波动等情况，根据财务判断分析资本结构的合理性，同时企业财务人员可利用一些财务分析方法对资本结构进行更详尽的分析。最后，根据分析结果，在企业进一步的融资决策中改进其资本结构。

（二）农业企业融资风险的控制策略

1. 树立正确的风险观念

农业企业在日常财务活动中必须居安思危，树立风险观念，强化风险意识，抓好以下几项工作：①认真分析财务管理的宏观环境变化情况，使企业在生产经营和理财活动中能保持灵活的适应能力；②增强风险价值观念；③设置高效的财务管理机构，配置高素质的财务管理人员，健全财务管理规章制度，强化财务管理的各项工作；④理顺企业内部财务关系，不断提高财务管理人员的风险意识。

2. 优化资本结构

最优资本结构是指在企业可接受的最大筹资风险以内，总资本成本最低的资本结构，这个最大的筹资风险可以用负债比例来表示。一个企业只有权益资本而没有债务资本，虽然没有筹资风险，但总资本成本较高，收益不能最大化；如果债务资本过多，则企业的总资本成本虽然可以降低、收益可以提高，但筹资风险加大了。因此，企业应确定一个最优资本结构，在融资风险和融资成本之间进行权衡。只有恰当的融资风险与融资成本相配合，才能使企业价值最大化。

3. 巧舞"双刃剑"

农业企业要强化财务杠杆的约束机制，自觉地调节资本结构中权益资本与债务资本的比例关系：在资产利润率上升时，调高负债比例，提高财务杠杆系数，充分发挥财务杠杆效益；当资产利润率下降时，适时调低负债比例，以防范财务风险。财务杠杆是一把"双刃剑"：运用得当，可以提高企业的价值；运用不当，则会给企业造成损失，降低企业的价值。

4. 保持和提高资产流动性

企业的偿债能力直接取决于其债务总额及资产的流动性。农业企业可以根据自身的经营需要和生产特点来决定流动资产规模，但在某些情况下可以采取措施相对地提高资产的流动性。企业在合理安排流动资产结构的过程中，不仅要确定理想的现金余额，还要提高资产质量。通过现金到期债务比（经营现金净流量÷本期到期债务）、现金债务总额比（经营现金净流量÷债务总额）及现金流动负债比（经营现金净流量÷流动负债）等比率来分析、研究筹资方案。这些比率越高，企业承担债务的能力越强。

5. 合理安排筹资期限的组合方式，做好还款计划和准备

企业在安排两种筹资方式的比例时，必须在风险与收益之间进行权衡。按资金运用期

限的长短来安排和筹集相应期限的负债资金，是规避风险的对策之一。企业必须采取适当的筹资政策，即尽量用所有者权益和长期负债来满足企业永久性流动资产及固定资产的需要，而临时性流动资产的需要则通过短期负债来满足。这样既避免了冒险型政策下的高风险压力，又避免了稳健型政策下的资金闲置和浪费。

6. 先内后外的融资策略

内源融资是指企业内部通过计提固定资产折旧、无形资产摊销而形成的资金来源和产生留存收益而增加的资金来源。企业如有资金需求，应按照先内后外、先债后股的融资顺序，即：先考虑内源融资，然后才考虑外源融资；外部融资时，先考虑债务融资，然后才考虑股权融资。自有资本充足与否体现了企业赢利能力的强弱和获取现金能力的高低。自有资本越充足，企业的财务基础越稳固，抵御财务风险的能力就越强。自有资本多，也可增加企业筹资的弹性，当企业面临较好的投资机会而外部融资的约束条件又比较苛刻时，若有充足的自有资本就不会因此而丧失良好的投资机会。

7. 研究利率、汇率走势，合理安排筹资

当利率处于高水平时或处于由高向低过渡时期，应尽量少筹资，对必须筹措的资金，应尽量采取浮动利率的计息方式。当利率处于低水平时，筹资较为有利，但应避免筹资过度；当筹资不利时，应尽量少筹资或只筹措经营急需的短期资金。当利率处于由低向高过渡时期，应根据资金需求量筹措长期资金，尽量采用固定利率的计息方式来保持较低的资金成本。另外，因经济全球化，资金在国际间自由流动，国际间的经济交往日益增多，汇率变动对企业财务风险的影响也越来越大。所以，从事进出口贸易的企业，应根据汇率的变动情况及时调整筹资方案。

8. 建立风险预测体系

企业应建立风险自动预警体系，对事态的发展形式、状态进行监测，定量测算财务风险临界点，及时对可能发生的或已发生的与预期不符的变化进行反映，利用财务杠杆控制负债比率，采用总资本成本比较法选择总资本成本最小的融资组合，进行现金流量分析，保证偿还债务所需资金的充足。

第三节 农业资源的可持续利用

农业资源,特别是农业自然资源,不仅被人为开发利用,其循环再生亦受人为干预,处于动态变化的状态。只有掌握了农业资源动态变化的规律、原因以及变化的趋势,才能拟订开发与利用农业资源的方案,农业资源的利用质量、数量才能在掌控范围内,其循环恢复状况才能在预计范围内,才能在开发与利用农业资源的过程中,保护农业资源,保证农业资源利用的长久性,使农业资源开发利用过程中的经济、资源、人口等众多元素之间保持平稳共同发展的状态,才可称之为农业资源可持续利用状态。

农业资源可持续利用的特点如下:①时间性:指的是未来人们对农业资源开发与利用的状态与现在人的相同,或者优于现在人。显示着经过农业资源再开发与利用后质量无衰退,在时间上得以延续。②空间性:农业资源具有地域性,地域农业资源在其开发与利用的过程中,不能对其他地域农业资源造成负面影响,而地域内的一切农业资源,维持着循环平衡的相互依存关系。③效率性:农业资源开发利用过程必须"低耗高效"。农业资源可持续利用实现"低耗高效",是以农业社会经济资源中的科学技术为基础的。在农业资源开发利用过程中,完善资源附属设施、采用先进的科学技术,以对农业资源最低的利用度,来获取最大的农产品产量,实现农业经济的高效性。

一、农业可持续利用理论基础

(一)农业生态系统理论

生态系统理论可以看作是发展的心理学,是由生态学与心理学共同组成的新生学科。生态系统理论是由发展中心学的一位重要学者布朗芬布伦纳提出的个体发展模型,系统与个体之间彼此作用、彼此制约。简单来说,生态系统理论所要表述的主要观点有如下三方面:①生态系统理论认为人生来就有与环境和其他人交流的能力,人与环境之间是彼此作用、互利共生的,并且人们个体能够与环境形成良好的彼此协调度。②人们个体的行动是有目的的,人们自古以来便遵循着"适者生存、不适者淘汰"的生存原则,人们个体所存在的意义,是由环境赋予的。因此要理解人们个体,就必须将人们个体置于环境中。③人们个体所面对的问题,是其在生活过程中所面临的一切问题。对人们个体所面对问题的理解和判定，也必须放置于人们个体所在的环境中。

农业生态系统理论，是以生态系统理论为前提，个体为生产利用农业资源的人们个体，生态系统理论所提及的"环境"，则是个体在农业生产活动中所涉及的自然环境以及社会经济环境。农业生态系统理论，表示着在农业生产过程中，人们影响着环境，环境也在人们的生产历程中产生一定的作用。而人们作为利用自然资源的主导者，只有科学合理地利用自然资源，与自然资源形成友好共处的关系，农业的生产才能达到一种生态平衡，农业生产过程才能高质高效地进行。

生态系统理论在农业资源利用过程中需要注意如下几个问题：①人们在利用农业资源的过程中所面临的许多问题，并不是完全由人们引起，自然资源是造成问题的主要原因。②对农业资源利用个体的研究，要从生态系统理论所表述的四个系统角度综合分析，同时也要单独从四个系统的角度分别分析。

（二）农业资源可持续发展理论

20世纪80年代中期世界环境与发展委员会出版的 *OUR COMMON FUTURE* 中使用了"可持续发展"，并对其进行了定义，内容为：持续发展是在满足现在人们的需要的前提下，又不对未来人们满足其需要的能力构成危害的发展。然而，要实现可持续发展，则在当前使用与利用的过程中，规定使用额度与限度，通过计算，并统计人口、经济、社会等一系列问题以及发展趋势，计算未来人们的使用需求。资源存储量不够时，现在人们应节约使用，并以"开源节流"的对策，在节制资源使用量之余，制定对策促进资源的恢复功能，以保证未来人们对资源的使用；资源存储丰富时，现在人们虽可按照需求量使用，但必须注意在使用过程中保护资源，切勿伤害资源的恢复功能，甚至要根据资源的形成过程与所需条件，为资源的恢复创造条件、提供契机。

农业资源可持续发展理论，是对人们农业资源开发与利用过程的考察，是用来揭示人们在农业资源利用过程中，社会对人们利用资源、资源被利用的一种愿景，即农业资源的可持续发展。

①转变了传统的单纯考虑经济增长而忽视生态环境保护的发展模式。②由资源型经济过渡到技术型经济，统筹分析社会、经济、资源与环境所带来的收益。③通过对新型技术的研发与利用，对农业生产方案做出优化，实行清洁生产与文明消费，提升资源的运用效率，减少废弃的水、气、渣的排放，协调农业资源与农业生产之间的发展关系。保证社会经济的发展不仅能够满足现在人们的消费需求，同时不会对未来人们的发展造成一定的威胁，最终目的是使社会、经济、资源、环境与人口持续稳定地发展。

二、农业资源可持续利用的途径与措施

（一）农业资源可持续利用的原则

农业资源可持续利用，应遵循以下原则。

1. 因地制宜

每个地区农业资源的基本特征不同，特别是农业自然资源方面。在实现农业资源可持续利用方针之前，应对区域农业自然资源进行资料采集以及数据分析，方能拟订农业资源利用计划与方案。

2. 利用和保护有效结合

农业资源可持续利用，并不是仅仅对农业资源的开发利用，更注重的是在利用过程中对农业资源的保护。农业资源利用的方法、规模、密度等因素，均在保护范围之内。

3. 经济效益与生态效益相结合

农业资源的利用目的是产生一定的经济效益，在追求经济效益的同时，应维持区域内原有的生态效益，或者优化生态效益。

4. 局部与整体的和谐关系

农业资源所涉及的方面杂而多，农业资源利用的目的是实现局部性与整体性的和谐统一。农业自然资源、农业社会经济资源以及农业环境资源，每种资源均须实现可持续利用的目标，区域内农业资源的整体性才能完整与高效，农业资源所产生的经济效益与社会意义才能长远。

（二）农业资源可持续利用的措施

1. 合理利用和保护耕地资源，需要制定一套完善的节约用地制度

首先节约用地制度体现的是一种集约的用地方法，对原耕地的用地方式以及新增用地的开发方式提出了要求。而节约集约用地机制，不仅是一套节约用地的长效机制，限制了新增用地的开发方式，同时也对新增用地的开发范围提出了要求。对建设型新增用地，提出了选址要求，其选址不应对耕地造成影响。节约集约用地制度，还需要对土地资源的评价和考核提出一套指标，对耕地资源而言，应对其种植目的、种植品种、品种年限以及产出率提出要求；对建设用地而言，应对其建设过程监督与管理，保证区域内用地的有效性与生态型。

其次应将土地有偿使用机制进行改革，将其市场配置范围进行扩展。市场机制也就是产生市场经济效益，对于耕地资源而言，是促进节约集约用地方式的重要因素。对于耕地

资源，将其国有土地有偿使用范围进行扩展；对于建设型用地，如工业用地，应将其土地储备制度进行优化，引入市场机制，有效储备盘活闲置、空闲和利用率较低的土地。

2. 大力发展生态农业

在利用自然资源的过程中，应以生态学与生态经济学作为理论依托，以全新的科学技术作为技术指导，以完善系统作为工程方案，使自然资源得以科学高效地利用，实现低投入、高产出且维持生态平衡和谐发展的良好局面。

实现生态农业的快速发展，首先需要培养优秀的生态农业建设人才，指导各个区域生态农业发展的实行。其次，地区政府应在农村普及发展生态农业知识，培养村民发展生态农业意识，并将大力发展生态农业计划有组织、有条理地传达于村干部，形成政府监督村干部、村干部监督村民的紧密结构，将生态农业发展计划进行到底。只有生态农业计划实行，农业资源可持续利用的远景才能实现。在生态农业意识与计划普及的过程中，必须继续研发生态农业生产技术，比如耕地松土技术、施肥配方技术、浇灌技术等。

3. 强化市场作用

强化市场作用，带动结构优化。农业结构优化调整应深入研究潜在市场，找准切入点，进而科学引导农民主动进行农业结构调整，避免盲目调整、被动调整、从众调整和低层次调整，防止结构趋同；建立以产区为中心的区域性批发大市场和专业大市场，通过市场的引导和带动，形成农业主导产业和支柱产业。

4. 加大资金投入，升级农业产业结构

加大资金投入，开辟融资渠道。农业产业结构的优化升级，需要市场化运作、分工明确的投融资体系，引导社会资金流向，拓宽产业结构优化的投融资渠道。首先应增加财政资金投入量，建立财政农业投入的稳定增长机制，形成稳定的财政支农资金来源；其次应加大农业银行、农业发展银行和农村信用合作社等金融单位的信贷支持力度；再次应积极引导民间资本和国外资本的投入，开发建设农业生产、加工项目。

5. 提升服务管理

改革管理体制，优化服务结构，在宏观管理层面，转变政府工作职能，增强农业社会化服务功能，避免政府职能交叉、政出多门、多头管理，从而提高行政效率。在微观经营层面，应鼓励形成行业协会和大型农业企业，政府将社会职能让位于这些组织，逐渐从直接干预农业中退出。在农业政策方面，加大农业投入比重，完善农业信贷政策，建立农业专项保险制度，降低农业结构调整风险。

6. 构建农业资源核算体系

建立农业资源核算体系，从量上系统地反映农业资源的开发利用状况，以及对资源利用过程中人口、经济、环境以及生态各个因素之间的内在系统性的体现，以数据的形式为资源可持续利用评价提供依照。农业资源核算体系的内容，包含了农业资源的核算方法、核算指标以及核算模型。

建立农业资源核算体系，不仅体现了农业各个资源之间的关系，同时统一规范了资源核算计量方法，使得各个区域的农业资源利用状况可统一计量，有效对比。农业资源核算体系，必须以相应的农业资源开发利用谱系作为评价指标，当核算数据超过指标则农业资源的利用状况不容乐观，存在潜在危机，需要及时解决；而当核算数据在评价指标范围之内，则说明农业资源的利用具有可持续性，应保持原有的利用方式与状态，或者可进行优化利用。

7. 加强法制建设和管理

加强法制建设和管理，首先是将"一个平台、三个系统"有效实行。"一个平台"是指在建设产业集中的区域，通过产业的汇集促进生产主要元素的规模汇集和完善组合，形成竞争的有利条件及发展驱动，营造资本、技艺和英才新高地。"三个系统"，一是现代化产业系统，要求加快构建现代农业及工业主导的产业、高新技术的产业、现代服务产业和基础产业互相扶持、互助成长的产业系统，加快工业化进程；二是现代城镇系统，大力发展城镇化建设；三是自主创新系统，做好科研工作。"一个平台、三个系统"的实施内容要真真切切落实，在实际工作中还须灵活结合耕地利用相关制度，提高执法监察效果。

其次建立立体化的监管体系。一是加强天空监管。以国家开展卫星执法监察为台阶，通过技术等提高卫星监测的密度、频率以及范围。通过卫星监测的方式，对所需关注的重点地区、重点时段以及重点项目进行实时有效的动态监测。二是加强地面落实。需要建立一套完善的动态巡查监管体系，对资源各方面的利用监测应划分职责，明确监察任务。省、市、县要以大管小的模式，将巡查监管的责任落实到地区、岗位以及人，做到人人巡查监管，不留监管死角。三是加强网络化控制。通过网络系统进行监督与管理。传统的资源监管模式，是由下级主动将资源利用数据上报上级，而网络管理则可实现上级自主通过网络系统，对资源利用数据进行调查。以图纸的形式作为动态检测平台，不仅促进上级对下级工作的监管，同时可以对资源利用计划进行"批、供、用、补"全方位即时监管。

最后国家相关部门需要有效沟通与紧密配合，如执法局、建设局、土地管理局等。通过各部门之间的发展目标、营运计划，共同对农业资源的利用情况进行巡查、检查与监察。对违法乱盖的现象严令禁止、对顶风作案的行为严格惩罚。为促进各个部门工作的顺利进行，第一，要对农业资源的有效利用做出一番宣传，有效利用的重要性、有效利用的方法等方面的知识应通过教育的方式普及；第二，各部门之间应完善其工作职责，只有各自完善了工作职责，部门之间方能实现有效配合；第三，部门工作需要保持公平、公正的态度，对违法现象及时监察、果断处罚。第四，各个部门的监察工作需要公开透明，一方面让群众了解政府部门的工作性质、了解农业资源有效利用具备的法律意义，另一方面满足群众一视同仁之要求，让群众自愿监管，自觉实行用地计划。

第四节 发展农业循环经济

一、政府引导农业循环经济的必要性分析

可持续发展始终是一个动态的过程，必须不断积极探索新的实现形式以适应经济社会的发展。正是在这样的背景下近些年来国家有关部委和各地方政府都将目光聚焦在了农业循环经济，普遍认为追赶发展循环经济的时代大潮是农业可持续发展的迫切需要。

（一）农业循环经济是保持农业可持续发展的有效途径

第一，以现代化为目标的农业可持续性要求，将循环经济与农业结合起来以改造传统农业。

可持续发展既是现代农业的出发点，又是其最终的目标，未来农业发展的趋势就是建立在可持续性基础上的现代化农业，农业发展的可持续性是一个内涵丰富的概念。高旺盛教授指出，主要体现为"三个可持续性"的协调发展，即生产持续性，保持农产品稳定供给，以满足人类社会发展对农产品的需求的能力。经济持续性，不断增加农民经济收入，改善其生活质量的能力，主要体现于农村产业结构、农村工业化程度以及农民生活水平等方面。生态可持续性，人类抵御自然灾害的能力以及开发、保护、改善资源环境的能力。这种能力是整个农业发展与经济增长的前提，没有良好的资源基础和环境条件，常规式的现代农业就会陷入不可持续的困境之中。

然而，传统农业已不能同时满足生产持续性、经济持续性和生态持续性，尤其是在保护农业资源和环境方面显得无能为力甚至产生负面影响。在我国，传统农业生产的初级产品经过加工后，作为商品开始流通，在完成使用和服务价值后，部分商品变成垃圾，加剧了农业面源污染。循环经济源于可持续发展，它是人类发展到一定阶段受自然"胁迫"后反思的结果，发展循环经济就是对可持续发展道路的探索。而针对传统农业所进行的现代化改造，正是循环经济在农业领域展开探索的时代背景和阶段特征。只有在这个特定的阶

段，农业循环经济的一系列思路和理念才能在保持农业可持续性和发展现代化农业的目标中发挥最大效用。

第二，循环经济适应农业可持续发展的内在要求，是积极、和谐地实现资源、环境与社会经济的可持续发展。

农业作为直接利用自然资源进行生产的基础产业，是人类对自然资源与生态环境影响最大、依赖性最强的产业。农业可持续发展的核心是保护农业资源与环境，农业要实现可持续发展很重要的一点就是实现资源的可持续利用，这是本质所在。农业循环经济以资源的高效利用和生态环境保护为核心，以"减量化，再利用，资源化"为原则，如畜禽养殖冲洗用水可用于灌溉农田。也就是说，农业循环经济在资源利用方面强调利用自然生态系统中各要素的特性，形成空间上多层次和时间上多序列的立体多维的资源利用系统。

（二）发展农业循环经济有利于促进农民增收

"农民收入是衡量农村经济发展水平的综合指标，是检验农村工作成效的重要尺度。农民收入增长缓慢，不仅影响农村经济的发展而且制约着工业品市场容量的扩大，不利于整个国民经济的发展。"解决农民增收问题的思路不创新，不下大力气缩小城乡贫富差距，就不可能为我国的加工业和服务业提供大的市场，国内巨大的潜在消费能力就难以真正释放，平稳较快的经济增长就难以保持。

1. 有利于大大提高农业资源利用率，节约农民生产性开支，变废为宝

稀缺性、有限性是农业资源的特点，在客观上要求农业各项生产活动都必须十分珍惜利用农业资源，充分开发利用农业有机资源，尽可能提高农业资源的利用率，做到"吃干榨尽"。农业循环经济通过生物之间在生态链中的各个营养能级关系，相应地使剩余农业有机资源转化为经济产品，投入农业生产过程，替代或增加新的生产要素，使农民获得经济效益，增加农民收入。

2. 有利于适度规模化生产经营的形成，变"粗放型"为"集约型"农业生产方式

尽管生态效益和经济效益同为政府和包括农民在内的社会公众所关心，但是在市场经济条件下，一种农业模式能否得到推广关键在于它能否带来经济效益。农业循环经济要求根据区域农业资源优势、产业结构特征以及废弃物特征和分布状况，实现区域范围的大循环，这无疑将加快由家庭小生产经营向集约化、规模化大生产经营方式转变，"集体化"可以提高农作物的单位产量，增加农民的生产性收入，并可以解放大量劳动力向城市和农村非农产业转移，增加农民收入的来源形式。例如在各地蓬勃发展的生态农业旅游、农家

乐等都为农民致富开辟了广阔天地。促进农业生产规模化经营不仅可以降低农业生产的成本，增强农业抗风险能力，提高农业生产的经营效益；同时，还可以将市场竞争中长期处于弱势地位的单个农民变为真正具有市场竞争和博弈能力的市场主体，增强农民的市场谈判能力，有效地保护农民权益，降低农民的交易成本，增加农民收入。

3. 有利于促进农民就业，带动人力资源开发

我们依据循环经济原理来分析农业循环经济促进农村人口就业的运行机制。循环经济要求各类产业或企业间具有产业关联度或潜在关联度，能够在各产业间建立起多通道的产业链接，实现产业或企业间的能源共享；提高供应链管理的水平，通过核心业务的选择和调整，进行有效的产业链整合，从根本上提高生产和服务的效率，减少能耗，提高产品和服务质量，提升核心竞争力。产业链的整合会促进产业的延伸和产业间的融合，促使第三产业向第一产业和第二产业的延伸和渗透以及工业、农业、服务业内部相关联的产业融合，提高竞争力，适应市场新需要。

因此，发展循环农业，通过产业链整合促进产业间的延伸整合，可以使内生就业机会增加，有效解决农民就业问题。农业循环经济要求农业生产是产业化的生产，形成一个良性运转的"产业链"或"产业网"。这提高了农业生产效率和人才资源配置效率，增加了农业就业机会。农业循环经济的发展还扩大了劳动密集型的园艺、畜牧、农产品加工等优势产业的规模，可以吸纳更多农村劳动力就业。

二、政府推动农业循环经济发展的对策措施

（一）制度建设是发展农业循环经济的基础

1. 推进农业循环经济法制建设

实践证明发展循环经济的主要杠杆，一是要靠经济、价格政策，二是要靠法律法规，即法律规范机制，就是说要用立法方式加以推进，才能事半功倍。循环经济无论作为一种经济理论还是一种现实的经济模式，要在全社会范围内深入人心，要建立农业循环经济体系，实现农业可持续发展，必须建立一个强有力的法律支撑系统、一个规范的行为准则、一个明确的导向系统。发展农业循环经济是一场变革传统生产方式、生活方式的社会经济活动，需要明确的导向。没有明确的思想和价值观念为其指明方向，没有可靠的行为规范、行为准则来统一其行动，发展循环经济就会陷入混乱。因此，必须加强农业循环经济立法。也只有通过立法，才能把循环经济从一种经济理论转变为人人都能遵守的行为规范。目前，在农业循环经济发展方面，相关的法规制度还十分薄弱，因此，加快有关农业循环经济法

制建设工作已是当务之急。应建立和完善农业生态环境保护法、农业废弃物无害化处理与利用标准、绿色农产品认证制度、市场准入制度、生态农业补偿制度以及生态农业发展的激励政策与机制。

法律具有强制和教育、引导的功能。加强农业循环经济立法，可通过发挥法律的强制作用，扭转农民陈旧落后的思想观念，增强其环保意识，使其逐渐抛弃自私自利的小农思想，用长远的眼光看问题，杜绝短期行为。同时，农业循环经济立法还可以充分发挥法律的引导功能，通过规定经济激励制度、技术支撑制度、信息服务制度及政府的职责等内容，帮助农民解决发展循环经济过程中遇到的资金、技术、信息等问题，化解发展农业循环经济可能给农民带来的风险，消除他们对发展农业循环经济的顾虑。

坚持循序渐进和因地制宜原则。全国性农业循环经济立法要兼顾我国区域发展差异条件下的不平衡性。地方性的农业循环经济立法要因地制宜，结合法律的前瞻性和可操作性，结合本地区的农业资源和生态资源情况、农业生产力发展水平，做到科学立法，增强立法的质量与效益。坚持政府引导和市场推进相结合。农业循环经济的发展要遵循市场经济规律，充分发挥市场经济所具有的市场联系、产品选择、收入分配、信息传递、经济引导与刺激、促进技术研发、供求总量平衡、促进政府执法方式转变和提高执法效能、促进贸易与经济发展等功能。但市场经济的这些功能具有互动性和自发性的特点，互动性和自发性如不受政府的合理干预就会产生市场失灵的问题。因此发展农业循环经济，必须强调政府适度的服务性、技术性和政策性引导甚至强制干预功能。在农业循环经济立法中，要把市场推进与政府引导结合起来，既要解决农业循环经济发展过程中市场失灵的问题，还要解决历史上形成的政府干预过度问题，不能越俎代庖，做一些本应由市场机制就能解决问题的事情。

坚持农业自然资源的开发利用和保护相结合的原则。自然资源是农业生产赖以发展的物质基础，丧失了自然资源，就丧失了农业的劳动对象，也就无法进行农业生产；农业自然资源受到破坏，就会影响农业生产的持续稳定发展。因此，必须合理利用并注意保护农业资源，才能保障农业的发展。对于开发利用农业自然资源的各种活动，必须加强监督管理。按照生态经济规律的要求，合理开发利用自然资源，并在开发利用过程中，保护好农业自然资源和农业环境，是促进农业生态系统良性循环，实现资源永续利用的关键所在。

2. 建立政府经济激励机制

法律法规体系的建立和完善能够为农业循环经济的发展提供坚强有力的后盾支持，做到有法可依据可循；能够规范各行为主体之间的关系。"但法律法规并非循环制度安排的唯一内容，西方国家的循环经济实践表明，经济手段同样具有十分重要的作用。"农业循环经济必须遵循市场经济一般法则，其主体是企业和农户。"经济人"的天然属性要求经济行为必须有利可图，"事实上，无论是传统经济中企业的逐利行为造成的负外部性，还是实施循环经济后所形成的正外部性（生态环境效益），都可通过经济手段予以内部化。由于企业具有天然的'经济人'特性，使用经济激励可能比强制性制度获得更低的交易成本和更高的效率"。

（二）政府生态服务职能是引导农业循环经济的保障

在我国现代政府范式系统中，生态服务型政府范式被视作服务型政府观念范式的具体表现形式，它是作为观念范式的"服务型政府"和作为操作范式的"生态型政府"相互嵌套和相互契合的产物。"而所谓生态型政府就是指以实现人与自然的自然性和谐为基本目标，将遵循自然生态规律和促进自然生态系统平衡作为其基本职能，并能够将这种目标与职能渗透与贯穿到政府制度、政府行为、政府能力和政府文化等诸方面之中去的政府。"因此，政府引导农业循环经济发展，政府本身应积极构建包括"生态服务型政府"内涵在内的服务型政府，完善政府生态服务职能。换句话说，政府生态服务的价值观念是政府生态服务实现的首要前提，也是政府生态服务实现的规则制度和操作理念及行为的内在灵魂。

从另一方面来看，市场机制是农业循环经济运行的基础性制度机制，但农业循环经济并不是为经济而经济，它之所以优越于传统的农业经济发展方式，就在于其内含的生态价值导向。一方面是遵循市场经济的价值规律以使农业循环经济获得强大的生命力，而不至于仅仅停留于对改善环境的美好的理论想象；另一方面，存在于社会认可的经济价值背后的生态价值是农业循环经济发展模式的真正根基。正是如此才使得农业循环经济从短期的经济利益出发，又超越经济利益而兼顾子孙后代赖以生存的生态环境。这样，政府的生态服务职能在农业循环经济生态价值发挥过程中起到关键的主导作用：一是农业生态环境作为比较典型的公共物品，具有广泛的公共意义，明显体现出社会的整体利益、公共利益和长期利益，而作为其他个人与组织都不具比较性的公共代表性的政府就必须承担相应责任；二是农业生态环境问题本身存在一定的跨区域性，其他组织和个人的合法性与强制性以及宏观调控能力都无法和政府相比拟；三是生态公民社会的成长、企业生态责任感的增强还不足以取代政府在生态环境治理中的主导地位。相反，农业循环经济相关企业的生存成长、非政府生态组织的发育发展、公民的生态治理与意识、教育熏陶还需要现代政府发挥特有的培育、倡导和组织作用；四是我国大多数公民视政府为自己依靠的依赖型政治文化环境，更是需要政府在生态环境治理中居于主导地位和发挥主要作用。

（三）引导农民积极参与发展农业循环经济

马克思主义认为，人是一切经济社会发展的主体。人的自由而全面发展，是人类社会发展的终极目标。建设社会主义新农村，人是第一资源，没有农民素质的现代化，就不可能有农业和农村的现代化。

1. 转变农民的思想观念

促进农业循环经济理念扩散推广观念更新是发展农业循环经济的重要前提。

农民的思想意识和价值观直接影响着农业经济的发展。要转变农民传统、保守的思想观念，树立循环农业发展观念，增强广大农民群众实施循环农业的积极性和自觉性，为循环农业的实施提供强大的社会基础。因此，在农业教育、宣传中，要将转变其思想观念放在首位，应适时引导他们抛弃传统的小农意识，走出安于现状、不思进取的误区，自己融入发展市场经济和建设现代农业的大潮，使之感到知识经济时代已经到来，生产劳动不再是单纯的体力消耗，而是"技能+体能""知识+勤劳"的复合性支出。同时，使他们明白，日新月异的科技进步，突飞猛进的世界经济发展，唯有不断接受教育，积极学、用现代科技，才跟得上社会发展的节拍。要加强对农民的宣传教育，增强农民的资源忧患意识和环保意识，普及循环经济知识，逐步培养起节约资源、保护环境的生产方式和生活方式。

发展循环农业，需要农业劳动者不断学习新知识、掌握新技能，这就要求农民群众树立"终身学习"的理念。当前，农村人力资源开发的一个重要任务是培养农民的学习习惯、再学习能力，培养学习型的农村社会、学习型家庭，让农民经常学习，科学劳作，增大劳动中的知识含量，通过学习指导日常工作，从而减少各种损失，提高效益。

农业循环经济是知识经济。农民群众还要树立"知识致富"的理念。21世纪知识就是经济，谁拥有了知识，谁就拥有了财富。没有知识的土地是贫瘠的，农业人力资源开发，就是要让农民掌握知识，运用知识，耕耘土地，创造财富。开发农民的潜能，在生产中，变"体力劳动为主"为"脑力劳动为主"，运用各种工具辅助劳动，运用各种知识指导劳动，知识致富。

直接面向农民群众的基层领导干部在转变农民思想观念上具有表率作用。在农村现实生活中，一旦正确的政策路线确立后，干部队伍便起着关键性作用。他们直接影响着政策路线的正确实施。因此，转变落后的思想观念，首先要转变农村干部的思想观念。各级干部要以科学发展观为指导，辩证地认识知识经济增长与环境保护的关系，转变把增长简单等同于发展的观念。在发展思路上要彻底改变片面追求GDP增长而忽视资源和环境问题的倾向，树立资源意识和环保意识。要深刻认识发展农业循环经济对于落实科学发展观、实现经济和社会可持续发展，牢固树立农业循环经济的发展理念。

2. 继续加大农村人力资源开发投入力度

"在同等条件下,一个具有较高人力资本的农民与土地结合便能够产生更多的产品,创造更多的财富,进而更多地增加农民的收入。人力资本低,产出效率必然低,从而影响农民收入"。政府要加大对农村人力资源建设的投入,在经费上给予大力支持。要加大教育投资力度,继续提高国家财政的教育经费支出比重,使教育费用支持增长率高于国家财政支出增长率。鼓励社会增加教育投入,尤其是鼓励和动员一部分富裕农民集资捐助教育,为农村教育筹集大量资金。提高个人、家庭对教育的投入。同时,政府为农民提供入学贷款,为大学生到农村创业提供融资、信贷等优惠。此外,政府也应加大对农村营业、卫生、医疗、保健等方面的资金投入,努力改善广大农村地区的自然条件、医疗卫生条件等,为农民身体素质的提高提供资金保证。

农民提高认识、转变观念,参与农业循环经济发展,需要的是信息的充分供给。政府须对现有农业信息传播体系进行集成整合,完善农业循环经济信息网络建设,提高网站质量,扩充信息量,让农民与时俱进;要加强信息标准化建设,构建智能化农村社区信息平台,促进循环农业信息资源共享和开发利用,全面、高效、快捷地为农民提供信息咨询服务;促进农村信息化进程,加快信息进村入户,把政府上网工程的重点放在村组两级,不断提高农村基层适应市场,把握农业、科技发展前沿动态的能力,增强其参与农业循环经济发展的积极性和自觉性。

3. 建立农民群众投身循环农业发展的激励机制

农村广大农民群众的经济参与,是循环农业健康发展的重要保证。我国自20世纪80年代初推行家庭联产承包责任制以来,许多农村地区长期处于无人管状态,农民各自为政,农业生产无序,水利、机耕路长期失修,农田高度分散得不到有效整治,农业资源得不到充分有效利用,农业生产环境出现恶化的现象,尤其在集体经济完全瓦解的贫困乡村。发展循环农业,号召农民加入循环农业生产,除依靠农民自身的觉悟及个体积极性以外,还须通过农村社区、乡村集体以及农民自己的合作组织,建立一套激励机制与规章制度,把农民群众吸引到循环经济发展道路上来。

一是建立村规民约,实行环境保护责任制,规范村民的生产生活行为,提高广大农民群众的生态意识,引导他们进行积肥还田,对生产生活废旧物品进行分类收集和处置,使人人养成良好的生产生活习惯,推进农村循环型社会形成。二是设立乡村社会收旧利废中心或回收站,对乡村居民废弃物进行有偿回收利用。三是设立乡村社区循环农业技术服务社,推进循环农业技术入户,为村民提供循环技术利用辅导。四是在物质和精神上,对努力实践资源循环利用的村民进行激励,给予他们一定的生产、生活、养老、医疗、设施建设投入等补助。五是投资乡村基础设施建设，资助村民兴建沼气池、地头水柜以及太阳能、风能、水能、地热等节能设施，科学进行改舍、改水、改厨、改厕，促进广大乡村居民充分利用生产生活人、财、物力资源以及时间、空间，建设新村，改变旧貌。

（四）完善农业循环经济科技推广服务体系

农业循环经济科技推广体系对于农业新技术的大面积推广应用所起的作用是无可替代的，进一步推动循环农业科技进步，必须对农业技术推广服务体系进行优化，完善其农业技术推广功能，促进农业科技成果向农业生产力的转化。循环农业科技推广体系具有不可替代的公益性职能，承担着农业科技成果转化、实用技术推广应用和指导、组织农业标准化生产、推动无公害及绿色食品发展、加强农业质量检验监测以及开展农民素质培训等重要职能，是实施科技兴农战略的主要载体和推进农业技术成果产业化的基本力量。由政府建立一支履行公益职能的推广队伍，是我国循环农业技术成果产业化的客观需求，也是各国农业发展的共同经验。因此应首先强化政府事业单位循环农业技术推广主体的作用，并在此基础上建立健全由科研部门、高等院校、科技企业、农民合作组织、科技示范户等多个主体共同构筑的多元化农业科技推广网络体系。

参考文献

[1] 赵俊仙，胡阳，郭静安. 农业经济发展与区域差异研究 [M]. 长春：吉林出版集团股份有限公司，2018.

[2] 陈其鹿，周蓓. 农业经济史 [M]. 郑州：河南人民出版社，2018.

[3] 张冬平，孟志兴. 农业技术经济学 [M]. 北京：中国农业大学出版社，2018.

[4] 孙中才. 农业供给侧与经济增长 [M]. 北京：知识产权出版社，2018.

[5] 赵维清，姬亚岚，马锦生. 农业经济学（2版）[M]. 北京：清华大学出版社，2018.

[6] 张正河. 农业经济管理 [M]. 北京：国家开放大学出版社，2018.

[7] 刘其涛. 中国现代农业经济问题的多角度解析 [M]. 北京：中国水利水电出版社，2018.

[8] 邓心安. 生物经济与农业绿色转型 [M]. 北京：人民日报出版社，2018.

[9] 李明桥. 农业政策、收入流动性与农村经济发展研究 [M]. 北京：中国社会科学出版社，2018.

[10] 马歆，郭福利. 循环经济理论与实践 [M]. 北京：中国经济出版社，2018.

[11] 方天坤. 农业经济管理 [M]. 北京：中国农业大学出版社，2019.

[12] 潘传快. 农业经济调查数据的缺失值处理模型和方法 [M]. 汕头：汕头大学出版社，2019.

[13] 邢旭英，李晓清，冯春营. 农林资源经济与生态农业建设 [M]. 北京：经济日报出版社，2019.

[14] 张忠根. 农业经济学 [M]. 北京：科学出版社，2019.

[15] 唐忠，曾寅初. 中国农业经济制度创新研究 [M]. 北京：中国农业出版社，2019.

[16] 施孝忠. 农业经济管理与可持续发展研究 [M]. 北京：科学技术文献出版社，2019.

[17] 崔宁波，张正岩. 现代农业生物技术应用的经济影响与风险研究 [M]. 北京：科学出版社，2019.

[18] 杨丹，刘自敏. 农民合作经济组织在农业社会化服务体系中的作用研究 [M]. 北京：科学出版社，2019.

[19] 李睿. 中国古代农业生产与商业化经济研究 [M]. 长春：吉林人民出版社，2020.

[20] 刘雯.农业经济基础[M].北京：中国农业大学出版社，2020.

[21] 许璇.农业经济学[M].北京：中国农业出版社，2020.

[22] 刘佶鹏.农业经济合作组织发展模式研究[M].北京：中国农业出版社，2020.

[23] 段博俊，段景田.农业产业化发展研究[M].北京：中国农业出版社，2020.

[24] 李彬.农业产业化经营风险问题研究[M].北京：经济科学出版社，2020.

[25] 杨立国，熊波.现代农业机械化技术养殖产业机械化技术及装备[M].北京：中国农业科学技术出版社，2020.

[26] 杨闯.农村产业化与创业型职业农民培育[M].上海：上海财经大学出版社，2020.

[27] 朱岩，田金强，刘宝平.数字农业：农业现代化发展的必由之路[M].北京：知识产权出版社，2020.

[28] 解静.农业产业转型与农村经济结构升级路径研究[M].北京:北京工业大学出版社，2020.

[29] 孙新旺,李晓颖.从农业观光园到田园综合体现代休闲农业景观规划设计[M].南京:东南大学出版社，2020.

[30] 谢周亮.产业结构升级与就业结构优化协调发展研究[M].北京：中国经济出版社，2020.